大学1年生からの ▶▶▶
研究の始めかた

西山敏樹

慶應義塾大学出版会

はしがき

　本書は、主に大学 1・2 年生のために、研究をどのように行っていくかを解説するものです。皆さんは、研究という言葉をどのようにイメージしているでしょうか？　主な辞書を引いてみると、おおむね次のように説明しています。

　　【研究】物事を詳しく調べたり深く考えたりし、事実や真理などを明らかにすること。及びその内容。

　物事を詳しく調べたり深く考えたりして、事実や真理などを明らかにすることは、別に大学の卒業研究などだけで行われていることではありません。大学を卒業して実社会で働くようになれば、仕事でもしばしば直面することです。研究とは生涯を通じて取り組むべき大切な過程なのです。

　研究というと、壮大なものに見えるかもしれません。そういう筆者も、大学 1・2 年生の頃は、そう思ったものです。3 年生からのゼミでの研究活動が楽しみであったと同時に、不安でもありました。その不安を取り除くうえで大切なのは、「研究の始めかた」を自分のものにすることです。今の自分と真摯に向き合い、自分と対話し、研究の計画を立て、実施に移すまでのプロセスを理解してしまえば、何も怖いことはありません。このプロセスを知らないから、初めのうちは研究＝壮大なものと感じ、苦手意識を持ってしまう場合も多いのです。

はしがき

　そこで本書では、研究を自分のものにするためのプロセスをわかりやすく、例もふんだんに入れながら解説しています。ぜひ皆さんも研究を身近なものにしてください。研究で事実や真理を明らかにできたときの喜びは、何ものにも代えがたいものがあります。その喜びを皆さんに感じてもらいたい。その思いで執筆した本書を読んでいただき、自らの研究を楽しく始めてほしいと願っています。

　2016 年 9 月 1 日

西山敏樹

目　次

はしがき　　ii
本書の読み方と筆者の紹介　　vi

❶　「計画」はなぜ重要か　　1

❷　研究とは何か　　5
　2.1　自分のために、社会のために　　5
　2.2　どう計画を立てるかで7割が決まる　　8
　2.3　決まりごとを守る　　9
　2.4　時間の使い方──「早め早め」の癖をつける　　12

❸　研究テーマを決める　　15
　3.1　取り組みたいジャンルを考える　　15
　3.2　先人たちの研究の足跡を調べる　　19
　3.3　周囲の意見を聞いてみる　　27
　3.4　取り組みたいテーマを決める　　27
　3.5　より良い研究タイトルをつける　　30
　3.6　具体的な研究計画を作成する　　38
　事例　研究計画要約書　　43

❹ 研究の背景を具体化する　53

4.1　動機を見つめ直す
　　　――なぜそのテーマにひかれたのか？　53
4.2　テーマへの興味や関心をまとめて具体化する　56
4.3　テーマの重要性と社会的意義を再確認する　58
4.4　既存研究を調べて残された問題や課題を明示する　60

❺ 研究の目的と目標を定める　63

5.1　「目的」と「目標」をはき違えない　63
5.2　目標を書いてみる　67
5.3　目標と密接な関係にある「研究の意義」をまとめる　70

❻ 研究の内容・手法と期待される成果を定める　73

6.1　内容・手法をまとめる　73
6.2　スケジューリングをまとめる　75
6.3　期待される成果と社会への発信方法をまとめる　80

❼ 参考文献の書き方　83

❽ 研究計画書の事例　87

おわりに　95
付録　おすすめ文献リスト　98
付録　チェックリストおよびワークシート　101

本書の読み方と筆者の紹介

　本書は、学生時代からの筆者の研究経験に基づき、事例を多数含めながら、研究計画をどのように立てるのかを解説しています。また、皆さんが研究計画を着実に立てられるように、筆者が開発したワークシートを掲載しています。単に読むだけではなく、皆さんが効率よく手と頭を動かせるように配慮しているので、研究にとどまらず何らかの計画を立てる際に活用してください。皆さんが社会に出てからも末永く愛用いただくことを期待しています。なお本書では、筆者自身の研究を事例として紹介しているので、自己紹介を兼ねて研究テーマや活動背景について最初に述べておきます。

　筆者は高校生の頃から、公共交通政策やそのユニバーサルデザイン化について研究しています。もともとバスや鉄道が大好きで、それを生涯の仕事にしようと思っていました。両親は車を運転しませんでしたが、家族全員が旅行好きでした。自然と全国津々浦々で公共交通を利用することになったわけです。当時（1990年代中ごろ）は、自家用車の普及に伴って、バスや鉄道の廃止が全国で進んでいました。

　それでもバスや鉄道の車内には、車の運転免許を持たない学生や高齢者がたくさん乗っていて、公共交通を頼りにしている人がいることを、身をもって体験しました。この経験が、ドア・ツー・ドアの交通手段として重要な路線バスに関心を持つことにつながり、バスの専門雑誌に路線バスの各地の実状をリポートで寄稿するようになりました。この関心をもっと発展させようと、当時はしりであったAO入試を受けて、慶應義塾大学総合政策学部に入学しました。そして研究の楽しさを学部で知り、そのまま大学院（慶應義塾大学

大学院政策・メディア研究科の修士課程・後期博士課程）へ進学し、2003年3月に博士号を取得したのです。

　その後もバスに限らず、高齢者や障がい者、子ども連れのお父さんやお母さんの移動を支援する方策、すなわち交通分野のユニバーサルデザインの推進に関心を持ち、さまざまな研究を行ってきました。階段や段差を乗り越えられる車いすや屋内外で使用可能な小型自動運転車、ユニバーサルデザインとエコデザインを融合できるノンステップの超低床電動バス、ディーゼルカーに代わる蓄電池鉄道車輌、高速道路のサービスエリアやパーキングエリアのユニバーサルデザイン推進、無人駅舎のユニバーサルデザイン推進、鉄道やバスに用いるすべりにくい床材など、多様な研究プロジェクトを中心メンバーとして進めてきました。

　公共交通機関を誰もが利用しやすくするためのことなら、何でも研究してきたわけです。さらに政策と工学がクロスするエリアであるため、文理融合で研究を進めてきました。本書はそうした筆者のさまざまな研究の経験に基づき、誰もが利用する公共交通の研究を例示しながら執筆したものです。

　1・2章では、「計画」の重要性や「研究」の意味について考えます。3・4章では、実際に研究を進めていく際に役立つよう、事例やワークシートを掲載し、研究を行うのに必要な考え方と実践方法について述べます。5・6章では、ある程度研究が進んでいることを前提に、あらためて研究の目標と目的の違いを整理し、研究のまとめ方について解説します。7章では参考文献の書き方を整理し、8章では具体的な研究計画書を取り上げ、改善前と後の事例を掲載しています。巻末（101頁～）には、本文中で解説したワークシートとチェックリストを掲載しています。特設のWebページ（http://www.keio-up.co.jp//kup/hbr/）からもPDFをダウンロードできますので活用ください。

「計画」はなぜ重要か

　皆さん、突然「計画って何ですか？」と言われたら、明確に答えられますか？　こういうときは、国語の辞書に立ち返るのが一番なので、筆者もこの本の執筆にあたり、『ブリタニカ国際大百科事典 小項目事典』(2016、電子版) の解説を確認してみました。以下に抜粋します。

　【計画】将来、実現しようとする目標と、この目標に到達するための主要な手段または段階とを組合せたもの。目標の達成時点や目標の内容が明確にされていること、また、目標を最も能率的に達成する手段が選ばれていることが、計画の重要な特性をなす。

　すなわち計画には、目標（さしあたって実現させたり、成し遂げたり、到達しようと目指すもの）を達成させる道筋としての手段・方法・スケジュールを書くことになります。さらに、考えられる最も能率的（効率的）な方法を選択して書くことが大切になるわけです。これが計画を立てるうえでの最低限のポイントです。

　社会で働けば、計画がいかに大切なことかがわかります。例えば大学教員は、授業をするうえでシラバスを書きます。シラバスは各科目の授業計画をまとめたもので、講義概要とも言われます。教育効果が最大になるよう、教員・学生の双方に最も能率的な方法で、科目や担当教員のほか、講義の目的や各回の授業内容を示しています。学生はまずシラバスに目を通し、その授業の計画に納得するこ

とで履修登録の手続きを行うのです。

　シラバスでの授業計画がいい加減だと、教員にも、学生にも、不幸な結果をもたらします。教員は能率的で効果的な講義展開が自らできなくなるし、それを受ける学生の理解度は当然下がります。

　ものづくりや社会の環境づくりでは、計画がしっかりしていないことが、致命的な結果につながることもあります。例えば、筆者の研究の守備範囲である自動車ビジネスにおいて、皆さんも新聞やニュースで「車のリコール」に関する記事を見ることがあるでしょう。製品に欠陥がある場合に、生産者がマスコミなども活用して状況を公表し、製品を回収・修理するのがリコールです。自動車では、生産者が国土交通省に届け出て、消費者に製品回収を伝えることになります。こうした事態を引き起こす原因の裏には、車の部品の設計・製造プロセスでの計画上のミスが多く、計画を緻密に行うことの重要性を認識させられます。例えば、シートベルトの不具合1つで安全と安心が損なわれる可能性が生じて、リコールの対象になってしまいます。ブレーキなら車自体の致命傷になります。

　計画の重要性を社会が再認識した、より大規模な事例もあります。折しも2020年の東京オリンピック開催が決まっていますが、1964年にも東京オリンピックが開催されたことは多くの人がご存じでしょう。その1964年8月、神奈川県で国内初の本格的な遊園地として横浜ドリームランドが開園しました（現在は閉園）。そこで計画されたのが、ドリームランドと国鉄（現JR東日本）大船駅との間、全長5.3kmを所要時間8分で結ぶモノレールです。沿線の用地取得と大船・戸塚地区の急勾配などの課題があり、開園からおよそ2年後の1966年5月に、ようやく開業しました。モノレールとしては最大の100パーミル（1,000m当たり100mの高低差）という急勾配が続く、アップダウンの激しい路線でした。

　3両1編成の列車が2編成運行され、運賃は片道170円でした。

現代の物価に換算すると片道800円以上と高価でした。しかし、当時の国内では珍しかったモノレールに一度乗ってみようとする人々で、車内はいつも混雑していました。

しかし、開業からわずか1年4ヶ月後の1967年9月、この路線は休止に追い込まれました。モノレールのタイヤがパンクし、軌道に亀裂が生じるトラブルが起きたのです。沿線の用地買収が思うようにいかないことから、路線の変更を余儀

1年4ヶ月の運行に終わり荒廃してしまった神奈川県のドリーム交通モノレール。丁寧かつ緻密な計画が重要なことを教えてくれた事例（http://island.geocities.jp/pompomjoki/　写真撮影：遠藤和貴）。

なくされ、当初の計画より急勾配が続く路線となったことが原因でした。さらに、急勾配に耐えられるよう、頑丈な車両としたことで、重量が増えてしまい、タイヤへの負担が大きくなってしまったのです。一方で、建設費を抑えるため、橋が許容できる重量にもあまり余裕がありませんでした。開通を急ぐあまり、車両の重量と軌道の耐久性に関する計画がずさんになり、それらのバランスも崩れてしまいました。結局、復活もないまま2003年9月には正式に廃止となってしまったのです。

このモノレールは、1年4ヶ月しか走らなかった「幻のモノレー

ル」として、交通学の研究者の間ではあまりにも有名ですが、時間をかけて丁寧かつ緻密に計画すること、計画するうえで一緒に活動する人とのコミュニケーションを密に、丁寧に行うことの重要性を教えてくれました。さらには、計画が丁寧でないと、後の損失（この場合はお金や時間だけでなく、利用したい人の利便性やモノレール会社のスタッフの雇用も）が大きくなることも教えてくれました。

　これは極端な例だ、と思う方もいらっしゃるかもしれません。しかし、社会に出て働き出すと、大きなプロジェクトを会社から任されたとき、ちょっとした計画のミスが大きな損失につながる可能性もあることは、今から認識しておいてほしいのです。それくらい何事でも確かな計画が重要となるのです。

　交通だけではありません。例えば、「企業が業績予測を下方修正」というニュースがしばしば報道されます。経済は生き物です。それだけに社会へ提供する製品やサービスの量や質の計画は難しいわけですが、背景にはこの計画がしっかり行われていないという要因もあります。医療の分野でも、医師が治療の計画を立て患者と合意するプロセス（＝インフォームド・コンセント）が重視されつつあります。さまざまな分野で計画の大切さがあらためて認識されているのです。

　大学でこれから皆さんが行う研究も、確かで丁寧な計画があればこそ、効果的かつ効率的に進むはずです。ものづくりでも Plan（計画）―Do（実施）―Check（確認）―Action（対策）という基本的で有名な PDCA サイクル（2 章 6 頁、図表 1）があり、これを守りながら製品の品質を維持します。これも、初めは Plan（計画）です。計画が物事の出発点になる重要なものであることを理解し、以下読み進めてください。

② 研究とは何か

　この章では、これから研究を行う皆さんとともに、そもそも研究とは何なのか、について図表1のPDCAサイクルを念頭に置きながら考えていきたいと思います。

2.1　自分のために、社会のために

　皆さんの身近なところにいる研究者といえば、大学教員が挙げられることでしょう。ちなみに良い大学教員であるためには、三つの要素があります。それは、「十分研究ができること」、「十分教育ができること」、「十分社会貢献ができること」です。これらを質的・量的に満たしていることが一人前の大学教員の条件です。

　大学教員にとって研究とは、それを行うことで多数の新しい成果をあげ、論文や著書などで公表し、新しい数々の成果を教育の現場に還元することです。よい研究ができれば、教育の質が上昇して豊かにもなっていきます。また、研究の成果は実社会にも還元しています。筆者のような交通学の研究者であれば、国・都道府県・市町村の交通政策に研究成果を還元しています。電車やバス、車いすなどに成果が還元されて製品化につながったこともあります。

　ここで重要なことは、研究者とは、自身の研究成果が教育現場、さらには社会に還元されることで、ようやく一定の評価を得られるようになるという部分です。すなわち、研究とは自分の知的好奇心

図表1　PDCAサイクル

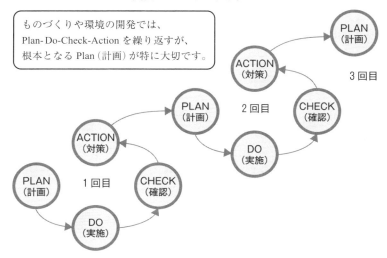

を満たすだけではなく、成果の社会への還元を通じて社会の改善、社会への貢献をもたらすために行うものであると理解できます。そのくらい崇高なものなのです。

　学生が研究計画を立てる際に、教員は「新規性（新しさ）は何なの？」とか「オリジナリティ（独創性）は何なの？」と学生と議論します。

　せっかく研究を行うのに、先輩たちが行ったことをなぞっただけでは新たな社会貢献になりません。自分なりの社会貢献を意識しつつ、研究計画を立てる必要があります。筆者も大学生のときにはこの部分をじっくり考えたものでした。

　例を挙げてみましょう。筆者は、小さいときからバスが大好きで中学生になるとバスのバリアフリー化に関する記事を執筆しては、バス専門誌に寄稿していました。それを高校生まで続けて、その実績をアピールして大学に入学したのです。その後もバスのバリアフリー化、さらには、ユニバーサルデザイン化の効果を高めるための

研究を進めました。その過程で、自家用車の普及によるバス事業の全国的な衰退が見られる中でも、バスのユニバーサルデザイン化を要求する国や地方自治体の存在を知ったのです。そこで思い切って、市民側がバスのユニバーサルデザイン化を近未来に向けてどの程度必要としているのか、運賃や税金の支払い意思を調査し、予測しようと思うようになりました。そうすることで、市民が必要としている質と量に基づきバスを改善していけば、バス会社と市民の双方にメリットがあると考えました。この研究は博士号取得や学会賞受賞にまでつながりました。当時は、何事に代えても福祉は税金を投入して進めるべき、という風潮があり、市民が必要とした質と量だけ改善すればよいという筆者のとった手法は、学会でも賛否両論がありました。しかし、後に国内経済が長引く低迷に陥り、次第に味方の研究者も増えていき、最終的には高い評価を受けたのです。このときに、社会の動向を丁寧、緻密に読みながら、必要な研究の姿を明らかにし、自分の信念に基づき計画を具体化し研究を実践することがいかに重要なのか、自ら再認識しました。

　今日では、幸いなことに、ユニバーサルデザイン化を進めるうえで市民が必要とする量を税金や運賃などの支払い意思額から明らかにし、政策を構築する手法も一般に定着するようになりました。学部の1・2年生でここまで行う必要はありません。しかし、「研究は、自分のためでもあるが社会のために行うものである」、「社会動向を丁寧、緻密に読みながら必要な研究の姿を明らかにし、自分の信念に基づき計画を具体化し研究を実践することがいかに重要か」ということは、これから研究を行う皆さんの基本的姿勢として身につけてほしいものです。

　以上は、交通に関する事例でしたが、現在筆者が勤務する東京都市大学都市生活学部は、都市のさまざまな問題に関するプロフェッショナルによって専任教員が組織されています。多くが実際の都市

計画、地域計画に寄与しており、成果の社会への還元を常に意識してきた研究者の集まりです。もちろんここでも、研究とは社会に寄り添って行い社会を良いものにするためのものという信念のもと展開しています。医療や教育・保育の分野においても、研究成果が教育に還元され、生活者に役立っています。大学では、教員の先端的研究が教育に還元され、さらにそれが社会へ還元されています。それだけ研究は重要なのです。

2.2　どう計画を立てるかで7割が決まる

これまでも述べてきましたが、研究の方向性は、いかに計画を丁寧に、緻密に行うかにかかっています。「研究は計画が7割」という教員は多く、筆者もそのうちの一人です。あらためて前述の計画の意味を思い出しましょう。良い計画を立てるためには、目標（さしあたって実現させたり、成し遂げたり、到達しようと目指すもの）を達成させる道筋としての手段・方法・スケジュールや、考えられる最も能率的（効率的）な方法を吟味、選択することが大切です。まさに研究の道標です。計画がいい加減だと、誤った方向に行くため、望ましい道を進んでいくよう心がける必要があります。

筆者の研究室の学生は、3年生の後期、約半年を使って研究計画を立て、卒業論文の研究に着手します。はじめは気の遠くなる作業に見えるのか、みんなすごく辛そうな顔をします。同じ分野で先輩たちが研究してきたことや統計的な情報をくまなく調べ（文献検討という）、自分が研究で取り組もうとしていることの新規性や独創性が確かなものかを検証して、ときには研究室のメンバー全員の議論や学外の専門家への聞き取り調査なども交え、丁寧かつ緻密に研究計画を立てつつ、卒業研究着手に向けて教員のゴーサインを得ていきます。

それでも、卒業論文を書き上げる頃には、研究計画をしっかり立てるプロセスがあったことを彼らは感謝してくれるようになります。それは研究の道筋をしっかりつけたことで、効果的で能率的に進められたからにほかなりません。

先人たちは、「研究はいつも晴れ続きとは限らない。曇りや雨も多いものだ」と言い伝えてきました。これは、研究がいつも順調とは限らないことのたとえですが、雨を降らせない（＝涙を流さない）ようにするためにも、じっくりと研究計画を立てる余裕を持ちましょう。時間的余裕を持つこと、早め早めに計画を立てることも大切な研究の姿勢です。

2.3　決まりごとを守る

研究は自分のためだけに行うものではない、社会を良くするために行うものだと述べてきました。社会を良くするためのものだからこそ、社会に貢献するものだからこそ、研究の成果は倫理的にも正しいものである必要があるのです。

例えば最近、STAP細胞にまつわる一連の研究不正が社会を賑わせましたが、データのねつ造や改ざん、他の論文の不正盗用などが後を絶たず、新聞紙上でも定期的に取り沙汰されています。そうした不正行為は、研究＝社会貢献のための崇高なもの、というイメージを大きく損なわせて、研究自体への信頼を失墜させます。研究は最低限の社会的ルールを守りながら行うべきものです。

それでは研究にはどのようなルールがあるのか、「研究における倫理的配慮」としてまとめておきます（図表2）。難しいべからず集のように見えるかもしれませんが、ぜひ身につけておきましょう。

図表2 研究における倫理的配慮

　研究計画を立てる際には、この表をチェックリストとして活用し、研究ルールを遵守しているかどうか、きちんと検証しましょう。

① 研究の「対象者選定」の段階
・法令の遵守──例えば法令に従い、住民基本台帳などを閲覧し対象者を選定する。
・個人情報管理──住民基本台帳の閲覧などで作成した、対象者名簿を厳重に管理する。
・目的外使用禁止──当該研究以外に、サンプリングで得た個人情報を使用しない。

② 研究の「協力依頼」の段階
・調査の連絡と依頼──事前に対象者へ研究実施について連絡し、協力の依頼を行う。
・目的、主体、連絡先の明示──研究を行う者は必ずこれらの情報を明確にする。

③ 研究の「準備」の段階
・人権尊重とプライバシー保護──対象者の人権を尊重し、プライバシーを保護する。
・対象者の名簿管理──個人情報の紛失、内容の漏洩が生じないよう管理を徹底する。
・協力者の研修──協力者を雇うときは、研修と周知を行い研究手法の差をなくす。

④ 研究の「実施」の段階
・匿名性確保──対象者が特定されないよう、研究実施段階でも十分配慮を行う。
・研究の合意取得──対象者に十分調査内容を説明し、同意に基づいて研究する。
・対象者の不利益回避──対象者が不快感を抱いたり、不利益を被ることは回避する。
・対象者の中止の自由──対象者が調査を中止したい場合には、その意志に従う。

- 疑問への対応──対象者から寄せられる疑問、苦情などに対して誠実に対応する。
- 守秘義務──研究の実施過程で知りえた、対象者に関する情報すべてを守秘する。
- 差別禁止──対象者を性別、年齢、国籍、障がいなどの要因で差別的に扱わない。
- 研究者の証明──身分証明書を常時携行し、求めがあれば身分を明らかにする。
- 不正な記入の防止──データを、都合の良いように不正に記入しない。

⑤ 研究の「実施後」の段階
- データの管理──研究代表者が、収集データを厳重管理できる体制を整備する。
- 個人情報管理──データで個人を特定できる部分について、厳重管理できる体制を整備する。
- 電子データの匿名性確保──回答内容の電子データ化で、個人を特定できないようコード化する。インターネットと切り離し、電子ファイルを研究代表者が管理する。

⑥ 研究の「結果公表」の段階
- 公表すべき事項──調査の題目、目的、主体、サンプリング方法、調査方法と時期、調査の具体的な内容、分析結果、結果考察、付属資料としての生データを公表する。
- ねつ造の禁止──データや結果などをねつ造せず、複数人で客観的に考察する。
- 差別禁止──対象者を性別、年齢、国籍、障がいなどの要因で差別的に扱わない。

図表3　研究協力者に同意を得る項目

① 研究の目的
② 研究協力の任意性と撤回の自由
③ 研究の方法と、研究への協力事項
④ 研究対象者にもたらされる利益や不利益
⑤ 個人情報の保護
⑥ 研究終了後のデータ取り扱いの方針
⑦ 研究計画書などの開示
⑧ 協力者への結果の開示・研究成果の公表
⑨ 研究から生じる知的財産権の帰属
⑩ 研究で用いた資料・試料の取り扱い方針
⑪ 費用の負担に関する事項
⑫ 問い合わせ先

　最近では、大学でも研究の倫理的規定を定め、倫理的配慮ができている研究計画かどうかを判定する委員会（研究倫理委員会）を設けるケースも一般化しています。

　研究計画を立てたら、第三者の視点でそれを評価してもらうことも重要です。大学生の段階でも、人を相手にする研究であれば、倫理審査を受けた方がよい場合も少なくないので、教員ともよく相談しましょう。

　研究の協力を対象者に求める場合には、図表3の項目についてよく説明を行い、同意が得られた項目をチェックするとよいでしょう。最近では、あらかじめこうしたチェックリストを設けて、たとえ大学生でも研究を倫理的に進められるように配慮する大学が増えています。ぜひ皆さんもそうしたリストを探してみてください。

2.4　時間の使い方——「早め早め」の癖をつける

　研究を始めようとする場合、やるべきことがいろいろあります。理工学系の研究であれば、ものを試作して、それがうまく動くか

（これを検証作業と言います）確認し、使い手の評価を行ったうえで、研究論文にするのが通常です。人文・社会科学系の研究であれば、質問紙調査やインタビュー調査を行い、得たデータを分析し、問題解決策を研究論文にまとめます。これは筆者の経験則ではありますが、これらの作業には予想以上に時間がかかるものです。特に研究は、ひとりよがりで行うものではありません。大学のゼミ（研究室）に入ればわかりますが、定期的に研究の進捗発表を行い、ときには研究室の先生や先輩・同輩・後輩からも鋭い指摘が入るものです。

　しかし、そこを厭わずに行うのが研究です。第三者の目が研究の客観性や公平性を高めてくれるため、そうした指摘は雑音ではなく貴重な情報として捉えましょう。ただし、そうした第三者の情報によって、大なり小なりの研究の軌道修正が必要になり、その対応のためには思わぬ時間がかかることがあります。だからこそ、研究計画を立てるときには、これらを想定に入れ、時間に大きな余裕を持つようにしなければなりません。筆者は、これまでいろいろな先生に師事してきましたが、やはりどの先生も早め早めに研究活動を進め、時間的な余裕をこれでもか、と確保し、良い研究成果をあげられていました。特に、この本の主な読者層である研究初心者の大学1・2年のうちは、研究に慣れていないことを想定して研究計画の作成に取り組みましょう。

　筆者は、通常1ヶ月の余裕を持って研究計画を立てるように指導しています。卒業論文の場合、良い研究成果であっても、書き終わるのは締め切り少し前になります。慣れないうちは、作業も滞り悩むことも頻繁にありますし、ゼミの議論や指摘に悩む時間も増えるものです。大きな余裕を持つ研究姿勢を身につけましょう。

　ちなみに筆者は、公共交通や人の移動を研究しており、電動のノンステップバスや自動運転方式の病院内患者搬送車輌の開発では、プロジェクトマネージャーとして、研究計画を立案し遂行の中心を

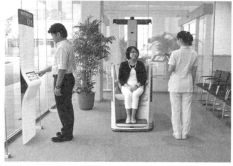

電動ノンステップバスと病院用の自動運転式の患者搬送車。筆者が中心的に開発に関わった事例。こうした大型研究ほど計画に余裕を持たせる必要がある。

担ってきました。こうした工学的要素の強い研究や大型研究については、計画を立てるだけでも3ヶ月くらいの期間が必要になります。ものには、不具合というものがつきものです。いつもうまく動くとは限りません。情報系の研究でも、プログラムがうまく動くまでに想像以上の時間を費やすことが、多々あるものです。

　人文・社会科学系でも、最近は3〜4名ほどで研究を行うグループワークが、大学1・2年生のうちから取り入れられるようになってきています。そうしたグループ型研究は、単独での研究よりもスケールが大きくなりますから、さらに余裕を持つ必要があります。特に今後理工系の研究や研究者を目指す皆さんは、この点も肝に銘じましょう。

❸ 研究テーマを決める

　この章では、取り組みたい研究のテーマをどのように決定するかを見ていきます。テーマを決めるためには、そのための手法や計画書執筆のための具体的なノウハウを知っておく必要があります。

　次頁に図表4として、研究のテーマ決定から計画執筆までのプロセスを図示しています。本章は、この図の順に解説していきます。

3.1　取り組みたいジャンルを考える

　皆さんには、人に誇れる自らのテーマがありますか？　人には負けない情熱や愛情を注げるテーマがありますか？　「鉄道マニア」という言葉がありますが、筆者はこれにならえばバスマニアでした。両親が車の運転をしなかったため、家族旅行では自然と山奥の旅でも路線バスを使いました。旅の間には、車を運転できない高齢者が路線バスを頼りにするところを目の当たりにし、彼らと話をするうちに路線バスをどのように維持し、活性化させればよいのか、関心を持つようになり、前述のとおり、中学生時代からリポートをバスの専門雑誌に寄稿するようになったのです。鉄道ファン・マニアは多いですが、バスファン・マニアというとなかなかいないものです。

　やがて、バスならライバルも少ない分野だし、人に負けないと思うようになり、現在に至っています。まさに、筆者は「好きなこ

図表4　研究のテーマ決定から計画書執筆までのプロセス

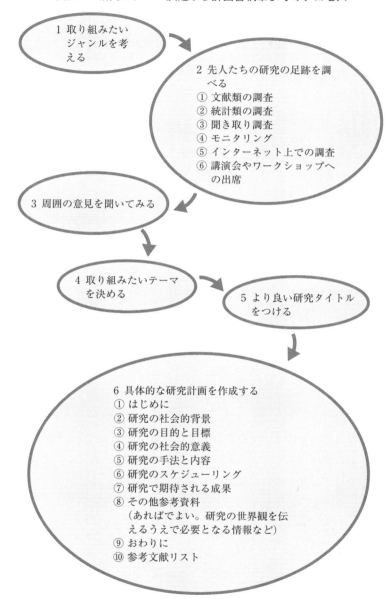

と」を活かしながら研究をしてきましたが、好きなことをテーマにしないと続かないのも研究です。大学教員が研究で長続きする理由は、好きなことを大事にしているからにほかなりません。これは研究するうえでの重要なポイントです。

だからこそ、せっかく大学に入学し研究を行う以上は、まず人生を振り返りながらどのようなことに関心を持って取り組んできたか、そして現在の生活で何に取り組んでいるのか、さらに将来どうなっていたいかまでよく考え、自分が大学で愛情を注げるジャンルは何なのか、まず明確に整理することが重要です。

筆者は、大学で研究を行おうとする学生には、自分との対話（自問自答）を行うように言い、「どのようなことに関心を持って取り組んできたか、そして現在の生活で何に取り組んでいるのか、さらに将来どうなっていたいか」までを絵にしてもらいます（ワークシート1）。自身で描いた過去ー現在ー未来の絵を見ることによって、現在の自分が情熱や愛情を注ぐことができ、かつ自分が好きと誇れるジャンルを割り出す作業を行うのです。研究にはときに辛いこともありますから、今の自分が「やりたいこと」、「やるべきこと」、「やっていること」が一致していないとさらに辛さが増してしまいます。

研究は、本来好きなことを追究する素晴らしく、楽しいものです。大げさに言えば、大学での研究は、企業への就職、さらにその後の人生にも関係が深いものとなります。だからこそ、過去から現在、未来への人生の歩みを分析して何を研究のジャンルに定めるのが適切か、自己分析に時間をかけてください。

何をやりたいかが明確でないまま、とりあえず大学に進学してしまったという学生諸君も少なからずいると思います。今の社会の風潮では、大学進学が人生の一大目標になってしまい、入ってから無気力になる学生、研究室選びで悩む学生が増えています。そうなら

❸ 研究テーマを決める

ワークシート1　過去―現在―未来を描く

どのようなことに関心を持って取り組んできたか	現在の生活で、何に取り組んでいるのか	将来どうなっていたいか
過去を振り返りながらいろいろ書き出そう	今の自分の関心および何を行っているかを書き出そう	将来、どのような自分になっていたいかを書き出そう

（模造紙やノートを用意して、ワークシートを完成させてください）

↓

自分が情熱・愛情を注げ、かつ自分が好きだと誇れるジャンルを書こう

ないためにも、まずは自己分析を行い、せっかくの大学生活を豊かなものにして社会に羽ばたいていってください。

3.2 先人たちの研究の足跡を調べる

　自分を振り返りながら、現在の自分が研究すると良いジャンルを定めることができたら、次は先人たちの研究の足跡を調べます。先人たちが行った研究をなぞって同じことを真似事でやっても、それは新しい社会貢献にならず、研究の価値がとても下がります。前に書いたとおり、研究するからには、常に新規性（新しさ）と独創性（オリジナリティ／自分ならではのもの）が求められます。

　例えば、ユニバーサルデザイン化が進む以前であれば、ノンステップバスの仕様をきめ細かく把握するための調査は、非常に意義深いものでした。しかし、今日では国土交通省がノンステップバスの標準的仕様を公開しています。ゆえに、同じような調査を進めても社会的な意義は薄れます。高齢社会化が進み、バリアフリーやユニバーサルデザインに興味があるとしても、具体的にどの部分に問題意識や関心を持ちながら粘り強く研究の遂行にあたれるか、テーマの一層の絞り込みがタイムリーに必要ということです。

　そのためにも、自分が選んだ関心のあるジャンルで、過去にどのような研究活動がなされ、どのような成果が導き出され、どのような課題が今日までに残されているのかをさらに明確にしなければいけません。それは、研究を論文にまとめるときに、「研究の背景」に書くべき重要な情報になるので、しっかり行う必要があります。そこでこの節では、先人たちの研究の足跡を調べる方法を整理します。

　改めて、研究とは何かという原点に立ち戻ってみましょう。

　研究は「自分のためだけに行うものではない。社会を良くするた

めに行うものだ」と述べてきました。社会を良くするためのものだからこそ、社会に貢献する部分が大きく、それに新規性や独創性が求められます。調査を行い、物事の実態や動向、問題点などを明らかにし、その知見を製品づくりおよび政策づくり、制度づくりなどに反映させ、問題の効果的で効率的な解決策を社会に発信・還元するのが、理想的な研究の流れです。大学教員は研究自体がものづくりや政策づくり、制度づくりの方向性を左右する、重要な社会的活動だと認識し、日々の研究活動を行っています。しかし、そうしたプロの研究者が参加するプロジェクトでさえも、研究計画が不十分なまま実践し、取り返しがつかなくなった例が多々あります。

(1) 高齢者や障がい者の意見を十分調査せずにつくった鉄道・バス車両で、製造後にさまざまな問題が見つかり、結局追加で高額の改良工事を余儀なくされたケース。
(2) 選挙で出口調査を行ったところ、十分なサンプルを得なかったために当落の予想を誤ってしまい、結果的に落選した人に当選確実という報道をしたケース。
(3) 利用者の購買意思を十分に調査せずに量産したスマートフォンやパソコンが全く予想に反し売れなかったケース(これはメーカー全般に言えることです)。

最近ではインターネットも普及し、研究室の研究活動と成果を容易に発信できるようになり、それだけ研究成果を誰もがリアルタイムで容易に得られるようになりました。皆さんの研究成果も非常に価値のあるものとして、瞬時に認められることもありえます。その証拠として、皆さんの大学のホームページを見てください。皆さんの研究成果や学会でのその発表の様子が、ニュースコーナーに公開

されることが、近年大変増えたことに気づくはずです。

　このように、研究者ではなく大学生の研究成果であっても、素晴らしいものであれば取り上げられる社会へと変化しています。これは情報化時代、インターネット時代のメリットであり、発信した研究成果が次の研究のチャンス（研究の資金やスペースなど）になることも、十分にありえる時代です。

　大学生の皆さんにも、研究のいろいろなチャンス、可能性が拓かれた良い時代になりました。これは、ここ10年ぐらいの社会的変化です。教員とともに学会で成果発表する、あるいは、本や雑誌の一部に書かせてもらうくらいのチャンスしかなかった我々の時代からすると隔世の感があります。しかし、そうした新しい時代だからこそ、注目に応えられるような責任感を持った研究が求められます。

　このようなチャンスが拓かれている情報化時代においては、研究の計画をしっかり立てて、研究を実践し、公開した成果で社会を誤った方向に導かないようにしなければなりません。社会を良くするためのしっかりとした研究の計画を立てて、遂行したいものです。日本の大学は、入学するのは難しいけれど卒業するのは楽、とよく言われます。残念ながら、「調査をして、その結果を報告すれば卒業できる」とか「試作をして、何らかの検証・評価を行うことで卒業できる」というような研究姿勢の学生がいるのも事実です。しかし、もともと研究とは深遠なものであり、社会の方向付けに貢献する、意義深い活動と捉えることが大切です。

　研究に取りかかる前に、研究にどれだけの愛情とコスト（時間や最低限のお金）を注ぎ込めるか、まず自問自答してください。愛情とコストを注ぎ込めるテーマだからこそ、粘り強く、質の高い確かな研究を行えます。常に、自分が研究で「解明したいこと」、「解明すべきこと」、「解明していること」が一致するよう心がけてくださ

い。

　つまり、誰もがやっていない研究は何か、ということを吟味してほしいのです。そのうえで、オリジナリティあふれる新しい研究で社会を変えていこうという気概を持てば、皆さんの大学生活は、さらに充実することになるでしょう。

　肝腎のオリジナリティあふれるテーマの絞り込みには、(1)文献類の調査、(2)統計類の調査、(3)聞き取り調査、(4)モニタリング、(5)インターネット上での調査、(6)講演会やワークショップへの出席、の６つの方法があります。以下、順に見ていきましょう。

(1)　文献類の調査

　興味を持ったジャンルの書籍や論文などをあたり、研究テーマの動向を知る作業です。基本的には絞り込みはせず、可能な限り当該ジャンルのいろいろな本を読んでみてください。ただし、政治であれば右派・左派の双方の本を読む、まちづくりであれば都市工学・地域政策・地域経済の本を読むというふうに、当該ジャンルを公平で客観的に見る習慣はつけましょう。文献類の濫読はいけないという教員も中にはいます。しかし、さまざまな学派・学問分野を織りまぜるのであればいろいろな本を読んだ方がよいでしょう。そうすることで、広い視点から当該ジャンルが持つ問題を精緻に抽出できます。なお、大学図書館では文献の検索の仕方などを司書の先生が教えてくれます。

　参考文献として、『資料検索入門』（市古みどり編著、慶應義塾大学出版会、2014）を挙げておきます。文献類を図書館で検索する際のノウハウが図書館員の立場からわかりやすく掲載されています。詳細はこちらをお読みください。

(2) 統計類の調査

　行政や研究機関、企業などが公表する当該ジャンルに関するデータベースで既存の研究動向を知る作業です。近年では、総じて大学図書館の IT 推進が進み、上記の各種の統計データを格納した DVD が所蔵されています。さらには、インターネット上で公開されている統計データも充実しています。例えば交通事故に関心があれば、Yahoo! や Google などの検索サイトで、「交通事故統計データベース」と入力します。さらに、当該ジャンルと専門領域が近い教員に相談をすると個別にデータを保有していることもあるので、直接オフィスアワー（学生の質問・相談を受け付ける時間）などで相談するのも手です。こうして統計を検索して当該ジャンルの理解を深めます。

(3) 聞き取り調査

　興味を持ったジャンルに関して、身近な教員や専門家に動向や意見、印象を聞いてみる方法です。大学教員に直接聞くのはハードルが高いと感じる学生がいるかもしれません。しかし、オフィスアワーはそうした機会を提供するために研究室および教員を開放しているのです。また、教員や専門家は学会などで当該ジャンルの最新の動向・情報・人的なネットワークを知っているはずですから、効果的な方法と言えます。それを起点として、外部の専門家を教員に紹介してもらい、聞き取り調査の幅を学外に広げるという方法も有効です。こうした活動によって、研究を行ううえで貴重な人的ネットワークが拡大し、研究の裾野や次のチャンスも拡がります。もちろん、周囲の友人や家族に意見や印象を聞くことも一定の意味があります。普段の生活から自然と出てくる意見や印象も、あながち無意味ではありません。

(4) モニタリング

　行動観察、交通調査のように関心のある事象の現場を具体的に見続け、テーマを絞り込む方法です。例えば、高齢者の過ごしやすいまちづくりに関心があるとしましょう。そういうことに関心があるならば、高齢者が歩いているところや買い物、スポーツなどの生活シーンをじっくり見るだけでもテーマの絞り込みが効果的に進みます。子どもの過ごしやすいまちづくりならば、親子で歩いているところや公園で遊んでいるところなどを観察することになるでしょう。こうしたモニタリングという行動もテーマの絞り込みに有効なのです。

(5) インターネット上での調査

　現代は情報化時代ですから、インターネット上にアップされている情報をくまなく調べて、当該ジャンルの動向を知る方法も有効です。ただし、情報の質には注意が必要です。例えば、Wikipediaのように皆が書き込んで辞書を作り上げるような仕組みの場合では、ある人が書いた情報が不適切で、別の人が書き換えるということもしばしばあります。すなわち、不適切な情報ものっている可能性があるということです。当該ジャンルの情報が迅速にblogに掲載されることもありますが、あまりに私的なサイトや皆が書き込めるサイトには、掲載される情報の誤解や意図的な誤情報の流布、主観的解釈なども多々見られます。ですから、そうした情報の質を見極める自信がない大学の初期の段階であれば、信頼のある企業や行政機関などが公開する情報の収集にとどめるのがよいでしょう。またインターネット調査の結果も、インターネットユーザーが若い男性に偏る傾向がいまだに残り、サンプリングに問題があるケースが後を絶ちません。そうした問題点があるということを認識しておきましょう。

参考文献として、『実地調査入門』（西山敏樹他、慶應義塾大学出版会、2015）や『データ収集・分析入門』（西山敏樹他、慶應義塾大学出版会、2013）を挙げておきます。統計類の調査やインタビュー、モニタリング、インターネット調査などの基礎的な事項についてわかりやすく掲載されています。詳細はこちらもお読みください。

(6)　講演会やワークショップへの出席

　チャンスがあれば、当該ジャンルの講演会やワークショップに出席することも有効です。講演会やワークショップには当該ジャンルの第一人者が登壇することも多く、そのお話の中に、当該ジャンルの最新の動向や問題、課題が盛り込まれており、研究テーマの絞り込みに有効な場合が多いのです。講演会やワークショップに出席できなくても、その第一人者の講義録が後で本に掲載される、あるいはインターネット上で公開されることもあります。そうした情報にあたって、当該ジャンルの最新動向を追跡することも有効です。

　上記のような6つの方法で当該ジャンルに関する基礎情報を集めて、ユニバーサルデザインのようなジャンルから、「高齢者が多い街の適切なベンチの間隔の研究」のようなオリジナリティあふれる研究テーマに絞り込めるわけです。研究分野にもよりますが、通常は6つのすべて、またはいくつかを組み合わせることで、オリジナリティあふれる研究のテーマを自分で決めることになります。自らが粘り強く関心を維持し、質の高い研究を行ううえでも、このようなオリジナリティのある研究テーマを慎重に決めることが、出発点として大変重要です。

ワークシート2 研究テーマを絞り込む過程

関心のある ジャンル	我が家は、永らく祖父母と一緒に生活してきた。また祖母が数年前から足に障がいを持ってきたため、自分の人生の中でもユニバーサルデザインが重要な関心事になっていた。将来的にも福祉に関わる仕事に携わりたいと思って大学を選択したので、過去の経験や未来に向けた関心を大切にし、最終的に都市の生活シーンでのユニバーサルデザインを希望のジャンルに据えた。
テーマ絞り 込みの方法	① 文献類の調査 　　具体的に読んだ本と得られたことを箇条書き ② 統計類の調査 　　具体的に得た統計と得られたことを箇条書き ③ 聞き取り調査 　　誰にどう聞き取りしたかを時系列に箇条書き ④ モニタリング 　　どこでどう観察をしたのかを時系列に箇条書き ⑤ インターネット上での調査 　　どのサイトで情報を得たかを時系列に箇条書き ⑥ 講演会やワークショップへの出席 　　参加した会で得た情報などを時系列に箇条書き 　　　　　　　　　必要に応じて、調査に関わる画像や図表を挿入する
絞り込んだ 研究テーマ	以上の調査から、テーマを「高齢者が多く住むまちのベンチの最適間隔の研究」とした。高齢者はモニタリングすると、歩いていても定期的に立ち止まって休憩する場合が多い。一方で、健康維持のために高齢者が歩く場も多い。文献などから、歩くことの医学的効果などもわかっており、高齢者の生活に肉迫し、まちづくりにおけるベンチの最適間隔・配置方法を研究することにした。

3.3　周囲の意見を聞いてみる

　研究テーマを絞り込んだら、それを MS-Word や MS-PowerPoint などを活用しまとめてみましょう。前述してきた「自らが関心を持つジャンル」、「あるジャンルから具体的な研究テーマに絞り込む際に用いた手法（6 つの手法あるいはそのうちのいくつかと、その具体的な経過を記す）」、「結論：絞り込んだ研究テーマ」について周囲にも意見を聞けるようコンパクトにまとめます（ワークシート 2）。

3.4　取り組みたいテーマを決める

　筆者は交通環境のユニバーサルデザイン化に、まだそれほど研究が進んでいない 1998 年（当時大学生）頃から関心を持ち、いろいろと社会の状況を調べていました。特に、都市住宅地の高齢者の日常的な移動をどのように維持していくかに、興味がありました。前述の 6 つの手法で研究テーマの絞り込みを行ったところ、次のことがわかってきました。

(1) 1995 年の東京都武蔵野市を皮切りに、都市住宅地の高齢者の日常的移動を支援するために、自治体が小型のコミュニティバスを走らせるようになり、それが短期間で全国に波及していった。高齢者の評判もおおむね上々であった。

(2) しかし、武蔵野市のような一部成功した都市以外では、事実上の武蔵野市のノウハウのコピーで、土地の環境に馴染まないコミュニティバスも増えてきた。専門家によれば、土地ごとに馴染む方法の案出が成功の秘訣ということであった。

(3) 都市工学系ではコミュニティバスに馴染むバス車両の研究が増え、地域政策系では路線開設までの政策過程に関する研究がなされた。しかしコミュニティバスの現状を総合的に評価して、今後の活性化を考える研究は存在しなかった。

以上から筆者の卒業論文のテーマは、「類型別に見たコミュニティバスの評価と改善策の研究」としました。2年生から研究室に入り、本格的に全国のコミュニティバスの経営面での評価をして、実際に乗り歩き、観察し、利用客へも質問紙調査を行ってその評価結果から、地域別にコミュニティバスを成功に導くためのポイントをまとめあげました。そして、それを卒業論文として学会発表まで行ったのです。

このときの経験をふまえると、前記の「研究テーマを絞り込む過程」を記したシートがとても役に立ちました。これをまとめ、武蔵野市や川越市（埼玉県）などのコミュニティバスを走らせる地方自治体の関係者や自治体から委託を受けたバ

武蔵野市のムーバス。筆者は、住宅街を走るコミュニティバスをテーマに据えて、研究を始めました。当時は、走り始めたばかりのコミュニティバスの現状を評価して、改善策につなげる既存研究が存在しませんでした。

ス会社、バス事業に精通する大学教授、高齢者や障がい者の移動支援を進める団体の職員たちに確認のヒヤリングを実施し、テーマがひとりよがりではない、社会的に意義のあるものだと自信を持てるようになったのです。

　研究テーマを絞り込んだら、それが確かに社会的意義のあるものか、検証する場を設けてください。ここでほかから指摘があればテーマを改めることになりますが、第三者の意見による改善まで行えば、テーマの決定の質は高いものとなります。

　ここまで行えば、自分の研究テーマも胸を張って人に話せます。覚えておくべきは、研究テーマを6つの手法で絞り込むだけでなく、それが社会的に意義のあるものか、確認の意味をこめて「周囲に聞くプロセス」を入れて決定するのが大事だということです。筆者の例では、各方面の専門家にヒヤリングしテーマを最終的に決定しましたが、筆者の周囲では、ほかにも学内の他の学部の教員にヒヤリングを行ったり、あるいは分野により起業家へ話を聞きに行っていました。もちろん、周囲の先輩・同輩・後輩ばかりでなく、家族にそのテーマについての意見を聞いてみることも有効です。普段の生活、経験などに基づく意見ももらえるでしょう。大切なことは、「研究テーマを一度自分の中で決めたとしても、確認の意味も込め、さらにいろいろな人々の意見を聞いてみる」ことです。

　大変な作業だと思うかもしれませんが、このくらいの手間を惜しんではいけません。手間のぶんだけ、貴重なコメントや意見などを得られ、さらには人的ネットワークもできて得られるものも大きくなるはずです。

3.5　より良い研究タイトルをつける

　研究タイトルは、非常に重要です。我々が本を買うとき、まずはタイトルを目にしますよね。それで、自分の関心のあるテーマであるなら、次に本の概要を見て、最終的に買うかどうかを判断します。これは、論文でも同じです。皆さんが卒業論文を書く場合も、最初に先人たちが行ってきた関連する研究の論文を必ず検索し、できるだけ多くの論文を読んでください。こうした論文検索の際も、初めに目にするのはタイトルです。もちろんたくさん読んだとしても、先人たちの業績をなぞっただけであれば、その研究に新しさや面白さ、ユニークさなどがなく、評価も当然とても低いものとなります。

　それでは角度を変えて、本や論文を書いた立場になってみましょう。本や論文は、多くの人が読むことではじめて価値が出ます。いくら良い研究の計画を立てて遂行したとしても、研究タイトルが魅力的でなく、人の目をひくものでなければ、多くの人が書く研究論文の中に埋もれてしまうのです。これまで筆者は、大学生や大学院生、さらに企業の方が書く多くの研究論文などの指導を行ってきましたが、タイトルのつけ方が下手なために、埋もれてしまいかねない論文を多数見てきました。タイトルは、少しでも多くの人に研究成果を見てもらうのに重要なため、ここではタイトルの上手なつけ方を考えてみましょう。

　まずは、原理原則をおさえておきましょう（図表5）。

図表5　研究タイトルのつけ方の3原則

① 対象＝何を対象にしているのか ② 手段＝どのような手法を用いているのか ③ 実施した内容＝何をしたのか

さらに、研究タイトルは日本語であれば30文字から、長くても40文字以内にとどめます。場合によっては、研究の資金のコンペ（企画競争）というものが学内で行われることがあります。研究は資金が必要な場合も多く、大学がそれを支援するために学生を対象に公募して、良い研究企画には資金を援助するケースが全国的に増えてきています。その企画執筆を行うフォームを見ると、たいていどの大学でも「タイトルは30文字から40文字にしてください」と注意書きがあります。これは、研究者が蓄積してきた経験則ではあるのですが、大体30文字を切ると研究タイトルが大味に見え、40文字を超えると具体的すぎてしまい、読み手の頭にうまく入りません。研究タイトルは30ないし40文字に抑えましょう。

　さて、「対象＝何を対象にしているのか」、「手段＝どのような手法を用いているのか」、「実施した内容＝何をしたのか」の中では一番重要なのが「実施した内容」です。さっそく研究タイトルの例を見てみましょう。

　実施した内容は、通常タイトルの末尾で表現します。自分がどのような内容の研究を行ったのか、タイトル末尾でまず読み手へ端的に示すことができます。

実施した内容の表現 (1)
「ものづくり系」（工学系やデザイン系）の研究

〈基本表現〉
〜の試作、〜の開発、〜の提案、〜の構築、〜の制作、〜の評価、〜のシミュレーション、など

〈タイトルの例〉
「患者の院内移動を支援する病院用の自動運転式移動支援車両

の試作」(30文字)
「誰もが認識しやすい鉄道駅の表示板用のユニバーサルデザインフォントの制作」(35文字)
「乗員の声で進行方向や曲がる方向を指示できる電動車いすの試作及び評価」(33文字、このように「〜の試作及び評価」のような実施内容の併記もよくある例です)

とりわけ、「〜の評価」や「〜の性能評価」は、手法などの「評価」が研究の主目的のときに使います。「〜の構築」という題目でも通常は評価の部分が含まれます。研究タイトルが、「スマートフォンを用いた高齢者のコミュニケーション支援システムの構築（33文字）」であれば、構築した支援システムの制作と評価の両方の意味が込められるのが通常であり、構築という語には注意が必要です。

実施した内容の表現 (2)
「調査系」（人文科学系や社会科学系）の研究

〈基本表現〉
〜の調査、〜の提案、〜の提言、〜の予測、〜のシミュレーション、など

〈タイトルの例〉
「駅や空港等の公共交通ターミナルでの高齢者や障がい者の移動特性の調査」(33文字)
「東京オリンピック開催に伴い必要となる国際観光客向けホテルの客室数予測」(34文字)

「小田原市の高齢者人口の変化予測と必要病院数の適切配置シミュレーション」(34文字)
「調査員を配置しにくい山間部の選挙投票所での効果的な出口調査手法の検討」(34文字)
「高齢者や障がい者の生活上の悩みを明確にしやすいワークショップ手法の提案」(35文字)

「〜の検討」や「〜の提案」は、人文科学系や社会科学系での手法に主眼を置いた研究でよく用います。以下の例のように用いると効果的です。

実施した内容の表現 (3)
「卒業論文」、「修士論文」、「博士論文」など集大成的研究
(卒業研究のような学位を得るなどの学業の集大成である場合)

〈基本表現〉
〜の研究、〜に関する研究、〜について、など

〈タイトルの例〉
「高齢者や障がい者の移動を支援し環境低負荷の電動式ノンステップバスの研究」(35文字)
「伝統ある海外の絵画をパソコンで楽しめるバーチャルミュージアムの研究」(33文字)
「様々な子どもが安心して安全に楽しめるユニバーサルデザインおもちゃの研究」(35文字)

「〜に関する研究」の代わりに、分野によっては「〜について」を用いる場合もありますが、多くは「〜の研究」や「〜に関する研究」を用いるのが通常です。これから卒業論文を書く人は頭の片隅に止めましょう。

　上記の(1)、(2)、(3)に共通して言えることですが、一般に、既存の手段および手法を用いる場合には、「〜を用いた」という表現を研究のタイトルに入れます。一例を挙げると、「ユニバーサルデザインの7原則を用いた未来型の誰もが遊びやすいおもちゃの試作」というふうに使うとわかりやすくなります。また、30〜40文字に納める観点では、「〜における」、「〜を対象とした」、「〜を目的にした」といた表現は、それぞれ「〜での」、「〜対象の」、「〜のための」とし、端的に表現する方がベターです。名詞の間に「の」を入れるか入れないかという点にも、注意を払いましょう。研究タイトルは、長すぎても短すぎても、何をしたいのかが自分自身よくわからなくなります。目で見て音読し、ベストな表現を最終的に決めてください。研究タイトルをつけるときは、冗長な表現を避け、引き締まった表現が並んだうえで、ある程度具体性も出る30〜40文字程度が適切です。これも研究を重ねると良いタイトルをつけられます。

　なお、最終的に決めた研究タイトルが、既存の関連研究と酷似・類似していたら新しさが表現できませんから、念のために注意しましょう。その場合は該当する既存の研究を熟知し、再度研究テーマ・研究タイトルを吟味する必要がありますが、時間的に大きなロスとなります。だからこそ、事前の文献検討が大切になるわけです。その研究論文が、いずれは後輩たちの参考文献になりうることも視野に入れ、新しさを主張でき、内容を端的に表せるタイトルにしたいものです。

〈端的な研究タイトルの例〉
「公共交通環境における」→「公共交通環境での」（2文字短縮できる）
「高齢者を対象にしたシステム」→「高齢者対象のシステム」（3文字短縮できる）
「障がい者の移動支援を目的にした」→「障がい者の移動支援のための」（2文字短縮できる）
「商店街の防犯システム」→「商店街防犯システム」（名詞と名詞の間にある「の」は、なくても意味が通じる場合が多い。「の」が多いと冗長なタイトルになりやすい）

　副題をつけることもありますが、これは分野によっては好まれないときもあります。例えば、慣習的に簡潔表現が好まれる工学系や理学系の研究では副題はつけません。理工学系の研究者が指導教員の場合は、まず副題をつけることは奨められないでしょう。一方で、社会科学系や人文科学系では、頻繁に副題が用いられます。指導教員にもよく相談してみてください。

〈副題をつけた例〉
「観光地での外国人の温泉入浴の現状調査――神奈川県箱根町のホテルを例に」（32文字）
「視聴率の高いテレビドラマの特性分析調査――平成以降のキー局作品を例に」（32文字）
「子どもの好きなお菓子の調査――首都圏200社の平成以降の商品を題材として」（34文字）

❸ 研究テーマを決める

研究タイトル1つとっても、さまざまな流儀、決まりごとがあります。しかし自分の研究を世の多くの人に認知してもらううえでも、検索しやすく、わかりやすいタイトルをつけることは、とても大事な作業です。

　これから研究に取り組む場合でも、同じことが言えます。取り組みたいテーマが決まったら、「何に対して（対象）」、「何を用いて（手段）」、「何をするか（実施した内容）」の3つに関係する言葉をひととおり書き出してみてください。それらをパズルのように組み合わせる作業をしながら、研究タイトルをつけてみましょう。

　タイトルをつける際には、ワークシート3のような書き込みシートを用意しましょう。研究テーマに関する言葉を多数落とし込んでいくに従って、より具体的に今後取り組みたいテーマを掘り下げられ、最終的により良い研究タイトルが導き出されていきますので、ぜひシートに言葉を埋めてみてください。

　いろいろな角度で研究のテーマを分析・検討しながら、最終的に1つに決めればよいのです。

　研究タイトルに関する一応の結論が出たら、指導教員や周囲の先輩・同輩・後輩に説明して、それが最適なものかどうかを議論するとよいでしょう。自分自身が納得しても周囲の人々が納得できないようでは、ひとりよがりなものになって周囲の共感も得られません。ぜひ周囲と検討し、より良い研究タイトルにしてください。

ワークシート3　研究タイトルをつける

❸ 研究テーマを決める

対象	手段	実施した内容
何を対象にしているのか、書いてみよう	どのような方法を用いているのか、書いてみよう	何をしたのか、書いてみよう

自分が取り組みたい研究テーマに関連する言葉を並べ、最適なタイトルをつける

3.6 具体的な研究計画を作成する

(1) 初版を作成する

　周囲とも議論を重ね、研究タイトルが自分自身、周囲とも納得できるものになったら次は研究テーマの要約文、すなわち研究計画の初版を作りましょう。これは、自分の研究の道しるべになるだけでなく、例えば研究資金獲得のための説明文書に含めることもできるので、用意しておくと役立つものです。要は研究計画のダイジェストを制作するのに、MS-WordならばA4で1～2枚程度、MS-PowerPointであればA4サイズで10枚程度にまとめておいて、いつでも周囲に見せられるようにしておきましょう。ただ、あくまでここまでの作業は研究計画の初版、第1版です。本書4章以降の作業を積み重ね、この見直しや具体化、周囲との議論を繰り返して研究計画書の質を上げていく形になります。

　研究は1人で行えるとは限りません。多くの人の協力を得る場合もあります。例えば、研究テーマの要約文が書かれた計画書をいつでも見せられるようにしておくと、タイミングよく調査の協力を得られやすくなります。なお、Ms-Wordでの研究計画書については、本書4～6章で実例に即した解説を行うので、ここでは最近多いPowerPoint版を例として要点を解説していきます。

　研究計画の要約資料として、かつて筆者が制作した研究計画要約書をわかりやすく改編したものを紹介します。これは、身近なバスを電動化かつ2階建てにし、環境低負荷かつ効率的運行が可能な車の試作研究計画を立てたときのものです。研究計画要約資料の構成は、プロ研究者であろうと、学部の1年生であろうと同じです。遠慮せずプロの要約資料に実際に触れてその技を自分のものにしてください。43～52頁に資料を掲載しているので、参考にしてください。

基本的に、研究の要約書には次の10の点を含めるようにするので、覚えておきましょう。この段階では、それまでの調査結果をわかりやすくまとめておけば結構です。

(2) 研究の計画に含めるべき事項
① はじめに
　自分の関心やエピソードを交じえて研究の概要を書きましょう。

② 研究の社会的背景
　研究テーマを設定するに至った社会のニーズや従来の研究の不足点などを挙げます。ここでは主観を入れず、あくまで現象だけを淡々と書くのがポイントです。
　43頁の研究計画要約書例にあるように、「温暖化対策として電気自動車への期待が高まっている」、「メーカーによる電気自動車開発は、軽自動車または小型自動車が主体で、多くの県民がその恩恵を享受するまでには時間がかかる」、「我々が培ってきた電気自動車開発の概念は、車輛の大小にかかわらず、高性能・高機能を実現できる」という表現で、今までの既成事実を端的に書くようにしましょう。

③ 研究の目的と目標
　何をターゲットにして研究を行うのか、研究の背景に応える形で簡潔に記します。後で詳しく説明しますが、目的は究極の成し遂げたいゴールであり、その目的に近づくために当面行うことを目標と捉えてください。つまり、事例（44頁）での目的は、「試作から実用化に至る開発を行い、製品を販売するための事業を立ち上げる。そして、地球温暖化に自動車技術の観点から貢献する」の部分で、特に「地球温暖化に自動車技術の観点から貢献する」ことが、筆者

にとっての究極的に目指す大きなゴールなのです。それを実現させるために、今回の研究で行うことが「電動総2階建てバスの開発」であり、これが目標となるわけです。この目的と目標の関係を理解したうえで研究目標をしっかりと書きましょう。

④ 研究の社会的意義

　研究は、新規性（新しさ）や独創性（オリジナリティ）が大切です。先人の成果をなぞるだけでは意味がありません。新たな社会的意義が自身の研究にも含まれている必要があります。事例（44頁）では「電動であるため無公害で省エネルギー」、「一度に大量の乗客を運べるため、乗客の利便性や運転手の人件費削減で大きな効果」、「無騒音、低振動による乗客への快適性提供と運転の容易性による労働負担の軽減が可能」と電動2階建てバスの社会的意義が書いてあります。特徴は、環境低負荷である点、効率的な運行ができる点、運転手の負担軽減、乗客の快適性と、広い視野から書かれている点です。要は、研究の社会的意義を書くときには、多角的に研究テーマを捉え直し、多方面に研究の社会的意義があることをアピールするのが効果的で、それが研究の評価の向上にもつながります。

⑤ 研究の手法と内容

　さらに、研究の手法と内容を書きます。事例（48頁）では「バス事業者のニーズ調査とニーズに基づく車輌デザインの計画」、「デザインに基づく試作開発」、「試作開発車の動作検証とバス会社の評価を得て、事業化に向けた計画を書き上げる」と、車の標準的な開発の流れで研究を進めることが書かれています。こうして研究の手法と内容を端的にわかりやすく、進める手順に従い書いておきましょう。

⑥ 研究のスケジューリング

　研究の流れを時系列に書きます。事例（49頁）のように表で示しておくとわかりやすいです。特に研究の後の活動展開についても触れておくと一層説得力が増します。要は、目標レベルだけでなく目的を達成することを視野に入れて書くのです。

⑦ 研究で期待される成果

　それでは、研究で期待される成果をまとめましょう。事例（50〜52頁）では、電動総2階建てバスの試作車輌のイメージを載せてあります。ものづくり関係の工学的色合いが強い研究であれば、完成したもののイメージを載せることもわかりやすくて効果的です。

　もちろん人文科学系や社会科学系であれば、期待される成果を文章で表現することが一般的です。研究の性質により最適な手段で期待される成果をまとめます。

⑧ その他参考資料

　事例（45〜47頁）では、試作をしたい電動総2階建てバスの仕様や価格の検討状況を載せてあります。このように、研究テーマに関して周囲にも伝えたい重要な関連情報をまとめておきましょう。これは研究で協力を仰ぐ場合を想定したもので、研究の世界観を伝えるうえで必要となる情報は、「その他参考資料」として含めるとよいでしょう。

⑨ おわりに

　研究の抱負などを簡潔にまとめましょう（事例52頁）。

⑩ 参考文献

　研究を行うにあたって参考にする文献をすべて列挙しましょう。

以上の①から⑩を盛り込む形で皆さんも研究計画の初版をまず書きましょう。図表6に研究計画書の標準的な骨格を挙げておきます。

　　図表6　研究計画に含めるべき10項目（図表4の6の再掲）

---
① はじめに
② 研究の社会的背景
③ 研究の目的と目標
④ 研究の社会的意義
⑤ 研究の手法と内容
⑥ 研究のスケジューリング
⑦ 研究で期待される成果
⑧ その他参考資料（あればでよい。研究の世界観を伝えるうえで必要となる情報など）
⑨ おわりに
⑩ 参考文献リスト

　次章では各項目をまとめていくときの考え方から、そのポイントについて説明します。

事例　研究計画要約書

電動の総2階建てバス
（フルダブルデッカー）
の開発研究計画

東京都市大学 都市生活学部 准教授
西山 敏樹

背　景

・温暖化対策として電気自動車への期待が高まっている．

・メーカーによる電気自動車開発は，軽自動車または小型自動車が主体で，多くの県民がその恩恵を享受するまでには時間がかかる．

・我々が培ってきた電気自動車開発の概念は，車輌の大小にかかわらず，高性能・高機能を実現できる．

目的と目標

・我々が開発してきた電気自動車（乗用車）の技術的な概念を大型車輌に適用．

・収益性の高さの観点から，この技術を総2階建てバスに応用し試作車を開発する．

・試作から実用化に至る開発を行い，製品を販売するための事業を立ち上げる．そして地球温暖化に自動車技術の観点から貢献する．

電動総2階建てバス（フルダブルデッカー）の意義

・電動であるため無公害で省エネルギー．

・一度に大量の乗客を運べるため，乗客の利便性や運転手の人件費削減で大きな効果．

・無騒音，低振動による乗客への快適性提供と運転の容易性による労働負担の軽減が可能．

電動総2階建てバス(フルダブルデッカー)の基本概念

・集積台車は,床下のフレーム構造の中に電池その他の基本部品を挿入し,車輪の中にモーターを収納するため,床から上の利用可能空間を大きくできる.

・路線バスの運行経費は,60〜85%が人件費であり,車体価格,燃料費はそれぞれ5〜10%の割合である.

・集積台車の技術を用いると総2階建てバスを容易に実現することができる.その結果,1人の運転手が一度に運べる乗客を増やせる.ゆえに,車輌価格が高くても収益性の高い車輌を実現できる.

電動総2階建てバス(フルダブルデッカー)の仕様

・全長　12m
・全幅　2.5m
・全高　3.8m
・定員　ロマンスシートで80名
・1充電走行距離　150km
・登坂力　15%
・最高速度　130km/h
・充電時間　30分で70%,1時間で満充電

電動総2階建てバス（フルダブルデッカー）の設定価格の考え方

・バスの運行経費の主となる人件費や燃料費，減価償却費を求め，既存のバス2台分と比較する．

・運転手の人件費は年800万円とし，燃料費などは現実に近い数字を参照し，6年間を償却期間とする．

・電動総2階建てバス（フルダブルデッカー）の価格は，1台あたり2,500万円，5,000万円，1億円のそれぞれで計算する．

電動総2階建てバス（フルダブルデッカー）と既存の路線バスの運用経費比較

（単位：円）

	ダブルデッカー			既存バス2台分
人件費	4,800万	4,800万	4,800万	9,600万
燃料費	300万	300万	300万	3,200万
車輌費用	2,500万	5,000万	1億	4,200万
総費用	7,600万	1億1,000万	1億5,100万	1億7,000万

電動総2階建てバス（フルダブルデッカー）の収支

（単位：億円）

年	2008	2009	2010	2011	2012	2013	2014	2015
開発	6	8	10					
評価		2	3					
生産治具			5				10	20
生産				20	30	50	88	150
販売費用				2	3	5	8.8	15
一般管理費	0.6	1	1.8	2.2	3.3	5.5	10.7	18.5
費用計	6.6	11	19.8	24.2	36.3	60.5	117.5	203.5
販売				25	50	100	200	500
収支	-6.6	-11	-19.8	0.8	13.7	39.5	82.5	296.5
累積	-6.6	-17.6	-37.4	-36.6	-22.9	16.6	99.1	395.6

電動総2階建てバス（フルダブルデッカー）製造原価の見積もり

	50台	100台	200台	400台	1,000台
電池	1,000	700	600	500	350
モーター・インバーター	600	400	300	350	200
車体	1,000	800	700	600	400
その他部品	500	400	300	250	200
組立	500	400	350	300	200
その他経費	400	300	250	200	150
合計	4,000	3,000	2,500	2,200	1,500

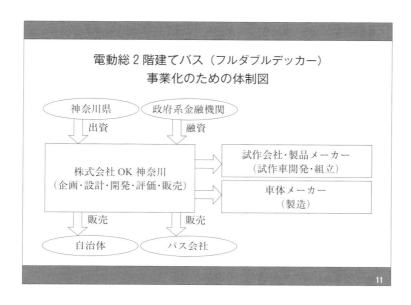

電動総2階建てバス（フルダブルデッカー）の
開発手法

・バス事業者のニーズ調査とニーズに基づく車輌デザインの計画．

・デザインに基づく試作開発．

・試作開発車の動作検証とバス会社の評価を得て，事業化に向けた計画を書き上げる．

電動総2階建てバス(フルダブルデッカー)の
開発,販売計画の概要

・3年間で第一次試作と第二次試作を行う.

・製造は4年目に50台から始めて次第に台数を増やす.

・製造開始5年目に,年間1,000台の大量生産を目指す.

電動総2階建てバス(フルダブルデッカー)の
開発・製造スケジュール

年	2008	2009	2010	2011	2012	2013	2014	2015
開発	第一次開発		第一次評価					
			第二次開発					
				第二次評価				
製造				製造・準備		製造・販売		
台数				50台	100台	200台	400台	1,000台

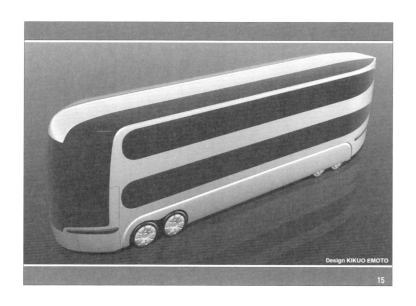
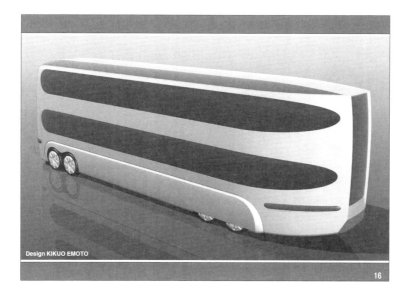

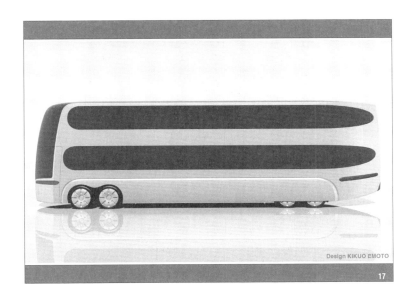

Design KIKUO EMOTO

17

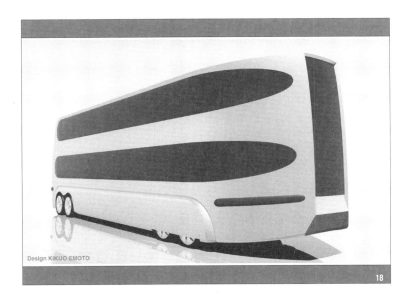

Design KIKUO EMOTO

18

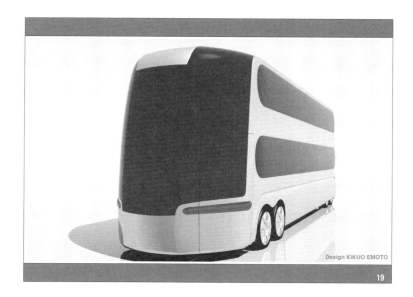

電動総2階建てバス（フルダブルデッカー）
研究開発のまとめ

1. 環境，エネルギーの観点から電動総2階建てバス（フルダブルデッカー）は極めて有効である．

2. 電動総2階建てバスは収益性の面から，事業として十分に成立する．

3. 神奈川県発の環境対策事業として、早急に立ち上げることが望まれる．

❹
研究の背景を具体化する

　ここからは、これまで筆者が指導してきた学生の研究計画書のケースとして、背景や目的、社会的意義、内容・手法、スケジューリング、期待される成果を研究計画書にまとめるうえでの詳細なポイントについて、事例を基に説明します。

　基本的にここからは、初版の研究計画書の質を上げていくためのノウハウです。最初から言ってくれれば！　と思う方もいるかもしれませんが、この本のメインの対象読者である大学1・2年生の皆さんが、一度でよい研究計画書を書くことは、なかなか難しく、たいていの場合、大味で内容が具体化できていないものです。ひとまず書き上げた初版を丁寧に検証しながら、研究計画書を繰り返し改善し、質を上げる方法を説明します。

4.1　動機を見つめ直す──なぜそのテーマにひかれたのか？

　研究を行うにしても、社会的な背景を詳細に分析して、その必要性、新規性や独創性を具体的に明確にする必要があります。しかし研究を行い、それを続けるうえではテーマに対する「愛」が必要です。くさいことを言うな！　と思うかもしれませんが、筆者の学生時代には、教員たちからそういう「愛」があるかを確認されました。

　研究の継続は、テーマに愛情を注げるかどうかにかかっており、

社会的背景の分析の前に今一度なぜその研究を行うのか、自分が時間をかけ愛情を注げるテーマなのかを確認することをお勧めします。この最終的な軌道修正作業を行い、納得してから研究に取り組むと、意外とスムーズにいきます。

　筆者は、研究の動機を見つめ直し、研究テーマを確かなものにしてもらうために、学生や外部の若手人材育成講座などで筆者が考案した「夢・志マップ」（ワークシート4）というものを必ず作ってもらいます。過去の自分や今の自分に関連する出来事や思い出、その他のキーワードを書き込んで自分を分析し、未来の自分がどうあるべきか、未来の自分に向かって愛情を注げる活動のテーマは何なのかを、時系列に図式化してもらうわけです。これにより自分自身の社会でのうまい活かし方がわかって、愛情を注げるテーマを自分と対話しながら、納得のいく形で決めることができます。

　皆さんもぜひこの作業を通して、自分自身への確認作業を行ってください。教員や仲間の前で夢・志マップを発表し、他人の目から見た自分の活かし方、愛情を注げるテーマをまとめ、修正を繰り返して納得がいくまでマップを作り直す――こうした自分の振り返り作業をしていると、選んだ研究テーマがどのように形成されているのか、テーマの周辺も明確に見えてくるものです。研究計画立案の演習として、「夢・志マップ」を作って、自分が選んだ研究テーマを取り巻く周辺がどうなっているか、広い目から再確認すれば、最終的に納得のいく形で研究の方向性を見つめ直すことができるはずです。そのうえでテーマを決定しましょう。

ワークシート 4　夢・志マップ

過去から今の自分	いかなる研究をすれば長続きし、社会への貢献や自分の成長につながるか	未来のありたい自分
今までの自分に関する出来事や関心事、成功体験、失敗体験、思い出など、自分に関わることをとことん書き出す	「過去から今」、「未来のありたい自分」から過去の経験や思いを活かし、愛情を長く注げる研究の姿を具体化し、テーマを最終的に決める。これで研究テーマの周辺、背景も見えてくる。また同じ研究テーマでもどのようなアプローチがよいのかも具体的に見えてくる	将来の自分の夢や、ありたい自分の像をとことん書いてみる

> 模造紙に枠を作り、2列目の現在やるべき研究がどのような輪郭のものになるのかを、より具体化していく

❹ 研究の背景を具体化する

筆者が主宰メンバーの1人である小田原藩龍馬塾では、夢・志マップを作り、塾の指導者らにも説明し、現在取り組むべき研究テーマを確立する。

4.2 テーマへの興味や関心をまとめて具体化する

夢・志マップを作ると、今、自分自身がやるべき研究のテーマとアプローチの方法（例えば、工学的なアプローチなのか、社会科学的なアプローチなのかなど）が一層具体的に見えてきます。改めて自分の興味や関心がどこにあるのか見てみましょう。そのときに役立つのが研究テーママッピングです。

ここでは筆者が以前、ベネッセコーポレーションから取材を受けたときに披露した研究テーママッピングを紹介します。筆者は、高齢者が日々よく利用する路線バスのバリアフリー化やユニバーサルデザイン化に関心があり、それに関わる研究を行おうとしていました（今日バリアフリーやユニバーサルデザインは特に目新しくもありませんが、当時はまだ研究が未成熟でした）。当初は「路線バスのバリアフリー化やユニバーサルデザイン化」を、愛情を永く注げるテーマだと考えました。そして、事例（図表7）のような研究テーママッピングを行うことで、最終的には「市民側がバリアフリー化やユニバーサルデザイン化に向けたバス車両の技術的改善に、どのくら

図表7　興味・関心のマッピング例

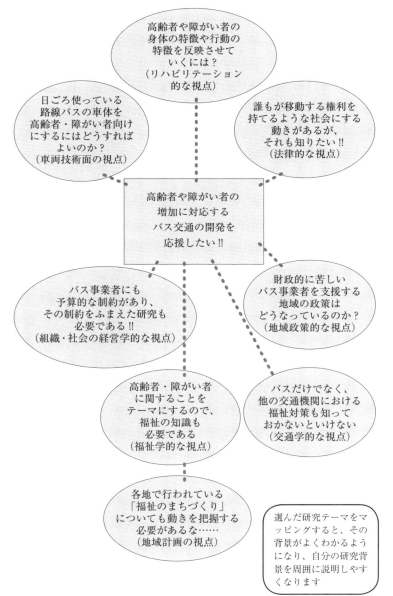

❹ 研究の背景を具体化する

いの支払いの意思を持ち、改善を望んでいるか」を研究して工学と社会科学をつなぐ学際的研究を行う方針が固まりました。研究テーママッピングにより、どこが特に未来に向けて大切か、明確にできたのです。

　こういう作業を行うことで、今の自分が大きなテーマのどこに興味・関心を持っているのかを詳細に分析できます。それによってテーマの詳細化やその背景の明確化につなげられるので、さらに研究計画書の加筆修正を繰り返します。

　ぜひ皆さんも、筆者の研究テーママッピングのように図式化を行ってみてください。

4.3　テーマの重要性と社会的意義を再確認する

　研究計画書の初版はある段階で一度まとめてみましょう。そのうえで、テーマの重要性や社会的意義を常に問い直しながら研究計画を見直しましょう。あらためて研究テーママッピングを行い、研究テーマを精緻化するプロセスで重要性が高く一層意義深い、しかも自分の関心に合い、成長につながるテーマに決めるのです。そのためには、次の3つの方法があります。これまでに文献などの検討は終えているはずですが、以下のような周囲の人々の意見を把握しながら、さらにいろいろな文献で社会的意義や重要性を確認してみてください。

　とにもかくにも、研究計画を繰り返し修正する癖を初心者のうちに身につけましょう。以下、研究テーマの重要性や社会的意義の確認方法について、やりやすい方から順に並べてみました。できるだけすべてをこなしてください。

(1) 家族や先輩・同輩・後輩などの仲間への確認

　まず身近で研究テーマに精通していない人が、どのような反応を示すか見てください。この時点で否定的な見解が多いとテーマの見直しが必須です。

(2) 同じ大学の教員への確認

　その時点で考えている研究テーマに関係しそうな教員にアポイントメントをとり、意見を聞く方法です。ここで、テーマの重要性や社会的意義を認めてもらえれば、ある程度自信を持ってよいでしょう。不十分であると指摘された点については修正します。

(3) 学外の専門家や利害関係者への確認

　さらにダメ押しで、学内の教員が紹介してくれる学外専門家の意見を聞いたうえで、利害関係者が重要性や社会的意義を認めてくれれば言うことはありません。ユニバーサルデザインの研究であれば高齢者や障がい者の環境改善を目指した団体に、ヒヤリングを行うというのもその1つです。

　あわせて、研究を取り巻く状況をさらにまとめましょう。特に、文献の検討はこの段階までに行っているはずですが、さらに続ける必要があります。大切なことは、上記の(2)や(3)を怠らずに行い、研究を取り巻く社会的な状況について聞き出し、それを整理することです。そうすることで研究の社会的背景をより明確に理解できます。その中でも(3)が有効で、その研究テーマに関する専門家や利害関係者は日々の活動で有益な情報を常にアップデートしているものです。例えば筆者のところに、学外の学生がバス事業のことを聞きに来たとすれば、研究テーマに関する学界や実務の最新動向や文献の情報などをお話しします。専門家へのヒヤリングを実施する

と、研究の社会的背景を精緻に明確化させるための大きなヒントをもらえる可能性が高いのです。もちろん、研究を進めるうえでの人的なネットワークもできて、その人脈が大きなチャンスにつながることもあるでしょう。基本的な研究姿勢として、早いうちから学外に出て欲しいものです。まさしく「書を捨てよ、町へ出よう」という言葉を実践して研究計画の向上を図りましょう。

4.4 既存研究を調べて残された問題や課題を明示する

次に、上記の作業から取り組みたい研究テーマの世界で残された問題および課題を整理して、研究テーマと共に研究の社会的背景の最終的な明確化を行いましょう。そのうえで、以下のポイントを研究の背景としてまとめます（図表8）。

図表8　研究の社会的背景に盛り込むべき3つのポイント

① 研究テーマを取り巻く社会の状況 　（社会動向や社会のニーズをデータで説明） ② 研究テーマを取り巻く学界の状況 　（既存研究をとことん見つめた結果を説明） ③ 上記に基づく社会や研究の世界で残された問題と課題

なお、大学初年次の学生が混同して用いる言葉に「問題」と「課題」があります。問題と課題は別物ですから、今後のためにもその違いをぜひ覚えましょう。「問題も課題も一緒でしょう？」と思っている皆さんは、以下のことを確認してください。

以下の例は問題と課題のどちらか答えてください。
(1) 機械の故障がこのところ多い
(2) 人件費を削減する
(3) 協力会社からの部品への苦情が増えている
(4) 生産コストのカットに努める

　答えは、(1)と(3)が問題で、(2)と(4)が課題です。問題は、発生している状況・現象をそのまま述べたものです。一方で課題は、特定の目標を達成するためにこれから為すべきことです。問題は悪い状況をネガティブに述べたもので、課題は今後やるべきことをポジティブに表現したものです。問題とはすでに発生していることで我々の意思と無関係な自然発生的なものですが、課題は自分で意識して設定するものになります。また問題は、あるべき姿と今のギャップであり、そのギャップを埋める方法が課題です。大学で指導をしていると、これらの違いがわからず、両者を混同している研究計画書をよく目にします。研究計画書では、問題と課題を混同しないようにまとめてください。

5 研究の目的と目標を定める

本章では、研究の目的と目標の捉え方やその書き方について学習しましょう。

5.1 「目的」と「目標」をはき違えない

多くの人々は、大学での学業、ビジネス、研究、さらには普段の生活で、特定の何かに向かって段階的に行動・努力し日々を送っているものです。その「何か」が目的や目標になります。しかし皆さんは、この「目的」と「目標」の違いを意識しながら、日々の行動をとっているでしょうか。ひょっとすると皆さんは、「目的」と「目標」を混同しているかもしれません。

「目的」と「目標」は、一見似ていますし、大学教員の中にも混同している人をときどき見かけます。しかし、大学の学生として研究をしっかり行ううえでは、はじめのうちに違いを認識しておいた方が、研究計画を立てるうえでもベターです。なぜならば、「目的」と「目標」は、その意味するところが全く違うからです。大学での研究や卒業後のビジネスのようなしっかりとした成果を求めるときには、その違いを明確に意識していないと自身が望む結果にもつながりません。

そこで本章では「目的」と「目標」の明確な違いについて学んでいきましょう。

(1) 目標は、目的のためにある

　率直に言えば、目的は生涯をかけて取り組むもの、目標はその夢に向かうために取り組むべき行動やその道筋を示したものです。例えば筆者が研究者になった目的は、「誰もが利用しやすく、環境への負荷も低い交通環境を実社会で実現すること」でした。これがまさに生涯をかけた仕事です。

　そして今の目標は、「高齢者や障がい者、子どもなどの誰もが利用しやすく、環境低負荷にもつながるノンステップ式の電動バスを開発し、普及させること」です。

　大学生の皆さんは、卒業して 22 歳で就職しても、働く期間は 40 年程度です。平均寿命の半分くらいと考えれば、とても短いものです。近年の大学では学生にキャリアデザイン（人生設計）をしっかりと指導しているところが多く、人生でどのような職歴を経て、何を人生の目的にして社会に貢献するのかを考えさせる講義があるはずです。大学で研究の計画を立てる場面でも、人生の目的を設定したうえで、現在の自分が目指す目標（研究）を考えるべきでしょう。前述した夢・志マップを応用して 40 年後の自分の目的を書き、現在の自分の能力や経験などを考慮しながら、これから自分は何をやるべきなのかを真剣に考えてみると目標も定まるものです。

　目標とは、目的を達成するための 1 つのステップにすぎません。「目的」を達成するうえでの目指すべき行動や、その道筋を示したものが「目標」です。目的がないのに目標だけがある、目標がないのに目的だけがあることは、研究計画ではありえないのです。目的が定まって、初めて目標も生まれるのです。

　「目標」とは「目的」に至るための道筋であり、過程・プロセスです。1 つの「目標」を達成した先で、「目的」により近づくための方向を見極め、次の目標を定めて進み、それを繰り返しつつ「目的」を実現する、それが人生です。大げさかもしれませんが、目標

は人生の過程、目的は人生の行き先と覚えましょう。

(2) 目的は抽象的でよいが、目標は具体的にする

人生を例に、いささか大げさに述べましたが、働く期間は短いといっても、されど40年程度はありますから、その目的は抽象的にならざるを得ません。目的は、「誰もが利用しやすく、環境への負荷も低い交通環境を実社会で実現すること」くらいの抽象的で、概念的なものでよいのです。まさに「世界を平和にして誰もが幸せな社会を創る」程度の概念的なものであっても、大学の最初のうちはよいかもしれません。しかし、目標はその究極の人生の目的を実現させるための道しるべですから、研究計画での目標は、具体的に達成できる手段や方法を伴うものでなければ、目的までの道筋も結局は立たなくなります。だからこそ、自分が過去に得てきた経験やノウハウ、身につけた能力を意識して目標を定めてみてください。

目的は、皆さんにとっては「自分自身の夢」です。人生をかけたテーマであり、社会に貢献している究極の自分の姿とも言えます。一方で、目標は目的に近づくためにも目に見えるものでなければいけません。「目的は見たいもの、目標は見えるもの」と覚えましょう。あくまでも目標は、目的に向かうための道しるべですから、手段や方法、能力、経験などを省みながら今の自分が取り組むべきことを書きましょう。

もちろん、人生の目的は時がたつにつれて変わってもよいのです。目標をクリアすると、「目的」が少しずつ変わることもよくあります。例えば、途中で人生の目的が変わって大きな転職をする人もいます。それもまた人生です。目的そのものを明確にするために必要なものが目標である、という両者の関係を認識しましょう。

(3) 目的は諦めないオンリーワン、目標はいくつでもある

　「目的」は、いくつもあってはいけません。まさに、人生のキャリアを検討して究極のゴールに置くものです。この世に生を受け、どのような社会貢献をして人の役に立つか、オンリーワンな着地点を定めたものが「目的」なのです。それを達成するうえで、「目標」はいくつもあってしかるべきです。例えば筆者の場合は、電動のノンステップバスは1つの目標でしかありませんでした。電動のタクシーを増やす、電動の福祉車輌を増やすなども当然目標になるわけです。その目標を1つ1つ達成しながら、次に進み、目的達成に至るのが人生ですが、今の自分の能力やノウハウなどを意識して、最終的に将来の研究の目標を決めなければいけません。「二兎を追うものは一兎をも得ず」であり、今の自分が取り組むべき目標を自分と見つめあいながら決める必要があります。

　あくまでも、「目標」は「目的」に至るためのプロセスです。1つずつ研究目標をクリアしなければ、目的には決して近づくことはできません。だからこそ、無理な研究目標は禁物です。大切なのは、目的に向かいクリアできる無理のない目標を立てることです。研究目標は、自分が確かにクリアできそうな範囲の確かなものでよいのです。必ずしも大学の最初のうちから、大志を抱く必要はありません。着実にできる範囲を見極めながら、研究の目標を最終的に定めましょう。

　以上のように、「目的」と「目標」は似て非なるものです。それをまず認識し、研究の目的と目標を研究計画書に盛り込みましょう。我々は目的を見失わず目標に向かってひたすら努力することで、はじめて研究の成果も得られることになります。「目的」と「目標」の違いをしっかり認識し、将来の具体的な計画を立てましょう（図表9）。

　もっとも自分の人生のテーマを明確に目的として設定するのは非

図表9 目的と目標の違い

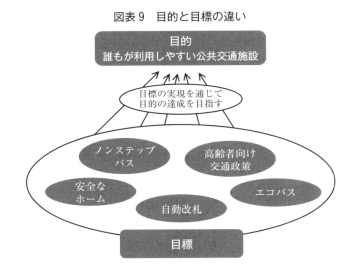

常に難しいことですが、設定した目標を1つ1つきちんとこなしていけば、目的がより明確になってくることもあります。変化する目的と目標を行ったり来たりして、究極の人生の目的が定まってくることも多いのです。

5.2 目標を書いてみる

それでは、研究の目標を実際に書いてみましょう。前述の「夢・志マップ」を少し変形・応用させて、「研究目標決定マップ」(ワークシート5) を自分で作ってみましょう。

今までの人生を振り返りながら、まず左列に、過去から現在までの自分の人生の分析結果を書き出してみます。前述の夢・志マップを書いた時点で、自分が取り組むべき研究のテーマ、社会的背景の分析などはおおむね終わっているはずですが、もう一度丁寧にこれまでの自分の関心事、経験、ノウハウ、能力、出来事、成功体験、

ワークシート5　研究目標決定マップ

今までの人生	人生の過程・プロセス	人生のゴール・着地点
過去から今までの自分の分析	現在どんな目標の研究をし、社会への貢献や自分の成長につなげられるか	40年後の自分のゴール・最終的な社会への貢献
今までの自分の経験およびノウハウ、能力、出来事や関心事、成功体験、失敗体験、思い出など、自分に関わることをとことん書き出す	「過去から今」、「未来のゴール・着地点」から、過去の経験や思い、能力を活かし、目標を具体的に定めて決定する。研究の背景や現在のテーマに関する問題、課題や意義もよくふまえて、目標を定める	将来の自分のゴールを考え、人として社会に貢献したい最終的な着地点を書く

図表 10　目的と目標の違い――3 つのポイント

① 目標は目的のためにある
② 目的は抽象的でよいが、目標は具体的にする
③ 目的は諦めないオンリーワン、目標はいくつでも（ただし最後は1つに絞る）

失敗体験、思い出など、自分に関わることをとことん書き出してみましょう。

　次に、人生のゴール・着地点をよく考えて、それを 3 列目に書き出します。普段、人生の着地点をどのような形で迎えて、社会にどのように最終的な貢献をするのか、考えることはあまりないかもしれませんが、改めて周囲の家族、教員、友人、先輩、後輩とも意見交換して、自分の社会での活かし方や貢献の仕方を見つめ直し、人生のゴール・着地点を決めましょう。目的を 1 つだけ決定するのです。

　最後に、「今までの人生の分析」と「人生のゴール・着地点」をよく見ながら、現在の自分が取り組んでおくべき無理のない研究の目標を中央の列に書き上げます。「過去から現在」、「未来のゴール・着地点」から、過去の経験や思い、能力を活かし、目標を具体的に定めて決定しましょう。研究の背景や現在のテーマに関する問題や課題もふまえると、より精緻に目標を定められます。

　それでは実際に、夢・志マップの応用編である「研究目標決定マップ」を作成してみましょう。模造紙などに、ワークシート 5 のような枠を作り、2 列目の現在やるべき研究がどのような目標のものになるのか、より具体的に書き出します。

　図表 10 で示したように目的と目標の違いのポイントを押えつつ、研究目標決定マップを書きましょう。現在行うべき研究の目標は 1 つだけではないでしょう。その中から、特に自分が今、最も達成すべき目標について優先順位をつけてください。その際も、次に述べ

る意義の大きさが重要となります。それを研究計画書に盛り込むのです。

5.3　目標と密接な関係にある「研究の意義」をまとめる

　皆さんは、これまで述べてきた本書の内容により、研究のテーマ、社会的背景、目的・目標をおおむね吟味できたはずです。ただし、研究を行って論文を書くことを、社会調査やデータ分析、未来予測の単なる練習だと思ってはなりません。ここまで来て、また1つ難関になるのが「研究の意義」です。筆者の研究室では、学生にも次に挙げる研究の「3大意義」を常に考えさせています。これは学年に関係のないことです。研究を行うにしても、意義がないものはやっても意味が薄くなり、評価もとても低いものとなります。以下のような研究の3つの意義があるのかどうかも検証しながら、研究の目標を決定しましょう。

⑴　**学術的（学問的）な意義があるか**
　皆さんが取り組もうとする研究が、既存の先輩たちの研究に何か新しい知見を加えられそうなものであるか、学術的な意義があるかについては、既存研究に関する文献検討を隅々まで行う必要があります。

⑵　**社会的な意義があるか**
　その研究の結果から、一定の社会貢献ができるか、を考えます。例えば、都市居住の高齢者は100m歩くと立ち止まる人が多いので、小さなベンチを100mおきに置くと高齢者向けの街づくりによい、といった社会貢献が可能な情報を発信できるかどうかということです。通常は、社会に役立つ研究こそ評価が高くなります。「A社の

食品は高齢層の方が若年層より多く売れている」というような研究では、A社にとっては役立っても普遍性は極めて低くて社会全体に役立つとは言えません。研究の意義がより普遍的である方が価値が高いという点も意識し、研究の目標を定めておくことが望まれます。

(3) 自分の成長に意義があるか

　最後に、研究は社会への貢献と共に自己の成長のために行うものであることを肝に銘じておく必要があります。せっかく多大な時間をかけ、ときにお金も費やすのですから、それに見合うだけの自己成長を伴うべきです。自分の人生の目的＝ゴール・着地点にしっかりつながる研究であるのか、という意義も再確認してください。

⑥ 研究の内容・手法と期待される成果を定める

　研究の目標をマッピングして決めていく過程で、おおよその自分の能力やノウハウおよび経験を把握すれば、研究の内容や計画も定まってくるでしょう。ここでは研究の内容や手法を最終的に決めるうえでのポイントについて、まとめてみます。

6.1　内容・手法をまとめる

　研究計画での内容・手法の欄には、文字どおり、研究に使用する方法論を具体的に書くことになります。要点は、いわゆる「5W1H」に沿って書くことです。

　5W1H は、「何時、何処で、何人を対象に、何を、何故、如何にして行うか」ということです。「何」が 6 つあることで六何の原則とも言います。これに沿って研究の内容と手法を書くことが一般的です（ワークシート 6）。

　まずは、この 5W1H で研究の内容と手法を箇条書きにして、その後に研究の計画書で具体的に文章化します。その文章を肉付けしながらまとめるのが通例です。

　特に大切なことは、「How（如何に）」の部分です。研究のタイトルのところで説明しましたが、研究にも工学系や社会科学系などの系統があります。まずは自分の研究の系統が「ものづくり系」（工学系やデザイン系）であれば、実施する内容は、「試作」、「開発」、

ワークシート6　研究の内容・手法の5W1H

テーマ	都市内の商店街を高齢者および障がい者が使いやすいようにするための研究を行う

いつ：When　2016年4月1日から6ヶ月間

どこで：Where　慶應市の全商店街で

（自分が行おうとする研究テーマ・目標に沿いながら項目を埋めましょう）

誰を対象に：Who　商店街を使う高齢者や障がい者を対象に

なぜ：Why　移動や買い物に多くの問題を抱えていそうなので

何を：What　移動上の問題、買い物上の問題を

どうやって：How　移動や買い物の追跡及び街頭インタビュー調査で明らかにする

「(システムなどの) 構築」、「制作」、「評価」、「予測(シミュレーション)」などとなり、自分の研究に適するように方法論を書く形となります。通常は試作品を開発し、その動作検証とユーザ評価、将来の量産に向けた予測というような研究手順が多く、この内容と日程について書く形になるはずです。

　自分の研究が「調査系」(人文科学系や社会科学系、理学系)の研究の場合には「調査」、「分析」、「予測(シミュレーション)」が一応の手法となります。ここで重要なことは調査の方法です。獲得するデータの量を重視した定量的な調査法なのか、獲得するデータの質を重視した定性的な調査法なのかでも、研究の内容と手法は大きく異なってきます。定量的な調査法でも、質問紙配布の調査法やインターネットを用いた調査法などに分かれます。定性的な調査法も個人インタビュー法、グループインタビュー法、観察法など、多岐にわたります。

　手法は、研究で解決したい問題に応じて多様な方法から選択する形になります。まずは、最適な方法を研究指導の教員や先輩などとも議論して決めてください。これらの手法の詳細については、アカデミックスキルズシリーズ『実地調査入門』や『データ収集・分析入門』(慶應義塾大学出版会刊行、いずれも西山敏樹他著)を参照してください。統計類の調査やインタビュー、モニタリング、インターネット調査などの基礎的な調査の方法論についてわかりやすく解説しています。

6.2　スケジューリングをまとめる

　研究に取りかかるうえでは、まず研究の締め切りまでの時間(例えば卒業論文の提出まで)を考えながら、スケジュールを立てましょう。一見、どこで何をするか書くだけのものなので簡単そうに見

えますが、ここで悩む学生が意外に多いのです。大学 1・2 年生のレベルでスケジュールがなかなかうまく立てられないのには、次のような理由が考えられます。皆さんも、心当たりがないでしょうか。

(1) そもそもスケジュールの立て方がわからない

初めて研究を行う場合、多くの方がこれに該当するでしょう。研究スケジュールを立てる方法すらわからないケースです。研究を 1 件でもこなせば、自信がついてスケジューリングもうまくいくのですが、経験がないと、何をどういう手順で行えばいいのかがわかりません。まずは余裕を持った日程を考えましょう。

(2) スケジュールの立てようがない（見通しが立たない状況）

これは決まった期日内に、どう見ても研究を終えられない状況に陥っているケースです。研究目標が大きすぎる、レベルが高すぎることの証拠ですので、ここでもう一度最初に立ち返り、研究目標の立て直しを行わなければなりません。研究のスケジューリングの無理を明らかにすれば、研究目標の無理も明確になるものです。

(3) スケジュールを立てても守れる自信がない

スケジュールを立てられない人の悩みで一番多いのが「守れる自信がない」、というものです。特にその状況を精査すると、新しい方法論やツールに手を出そうとし、研究終了時期までの距離感覚を摑めないことが多いのです。無理のない研究方法を選択しつつ、確実に成果を得る方法を考えましょう。

(4) スケジュールを立てても守れる状況ではない

置かれた現状や研究の環境が、スケジュールどおりの行動を阻む

こともあります。例えば、研究の目標やそのスケジューリングを立てるうえで、用いる手法を達成させるための手段（機材・費用など）が身近になければ、それも遂行できなくなります。身近な研究環境が終了までに支障がないものかどうかもよくチェックしましょう。

　まずは、自分がどのレベルで研究計画を立てられないのか、把握しておきたいものです。ただし、本書を読む多くの人は(1)のレベルに陥っていることが多いのではないでしょうか。

　研究の目標とスケジューリングは、常に同時並行的に考えなければなりません。研究の無理なスケジューリングが研究目標の達成を阻むと書きましたが、両者は車の両輪です。もちろん、研究の終了時期が決まっていない自由な研究を行える場合はスケジューリングも立てやすいですが、多くの場合は卒業研究のように、論文の提出時期までしっかり日程が決められているものです。

　一般的には、系統によって図表11のような流れで研究を行うことが多く、各作業にどの程度の日時を割くかが問題になります。

　図表12は、わかりやすい研究計画表の例です。実施内容と作業項目を書き、それぞれいつ行うかを書いていきます。複数の人間で行う研究であれば、担当者もつけるとわかりやすくなります。研究のスケジューリングのポイントは、とにもかくにも「早め早め」です。これが基本的な姿勢であると、覚えておきましょう。ポイントは、成果品である論文の執筆の時期から遡って、余裕のある計画を立てることに尽きます。

　一概には言えませんが、卒業論文は締め切りの2週間くらい前に完成させるくらいの余裕を持ちましょう。研究にはトラブルがつきものであり、しばしば教員の厳しい指導も入ります。予定どおりには進まないものであり、心配であれば、3週間程度の余裕を全体に持たせることが、ポイントになります。

図表11　研究系統別の流れ

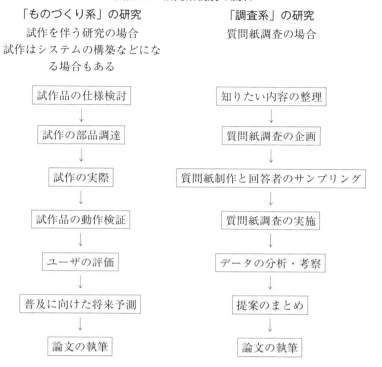

　繰り返しになりますが、ほとんどの研究には期限があります。研究が終わる見通し、つまり、問題が解決できる見通しをつけることが大切です。研究のスケジューリングを表にし、無理を感じるのであれば研究の目標を今一度見直しましょう。目標とスケジューリングは表裏一体ですから、常に一緒に考えていくことが大切です。

❻ 研究の内容・手法と期待される成果を定める

図表12 研究計画表の例——日本国内の漁村の活性化方策に関する研究

実施内容	作業項目	担当	6月	7月	8月	9月	10月	11月	12月	1月	2月	3月
1. 漁村における限界集落化の実態検証	資料収集 ヒヤリング調査	西山・田中	● →		→							
2. 漁村活性化に向けた過去の政策の有効性検証	資料収集	高橋	→		→							
	事例分析	西山				→						
3. 漁村を活性化させるうえでの知見の調査実施	資料収集	佐藤・西山					→					
	調査の準備作業	鈴木・山本					→					
	質問紙調査	全員							→			
	ヒヤリング調査	西山・田中								→		
4. 各種調査結果の分析整理		全員	←-------随時-------→									
5. 必要な打合せ		全員	←-------随時-------→									
6. 学識者ヒヤリング												→
7. 研究論文執筆												●

3が一番大事で時間がかかる。そのため資料収集からヒヤリング調査まで余裕を持つこと。考えた予定の1.5倍の日数をかきこむ

6.3 期待される成果と社会への発信方法をまとめる

　研究計画書には、期待される成果もしっかりまとめます。研究を通じて何を明らかにできるのか、この研究からどのような学問的貢献が期待されるのか、簡潔に箇条書きを含めてまとめ、いかなる人にもわかりやすいように書きます。筆者の経験上、とりわけ注意してほしいのは、そのようにしてまとめた期待される成果が、これまで研究計画書で書いてきた、「研究の社会的背景」、「研究の目的と目標」、「研究の社会的意義」、「研究の手法と内容」、「研究で期待される成果」と矛盾してしまうことがあるということです。特に研究をはじめて行う大学1・2年生の方にとっては、なおさらでしょう。つまり、期待される成果を必要以上に大きく書く傾向が見られるのです。大きな成果を自ら求める気持ちはよくわかりますが、教員などの周囲が求めていることは、「期待される成果」が上の5つの項目と等身大で、一致していることです。

　つまり、上記の5つの項目と期待される成果が互いに矛盾していないか、特に期待される成果が必要以上に大げさに書かれていないか、よく注意しながら書くことがポイントです。

　そのうえで指導教員や先輩・同輩・後輩に計画書を見てもらい、第三者の視点でチェックしてもらうとよいでしょう。研究計画を書いていると研究への情熱も高まり、当人では冷静に計画を見通せなくなることもあります。第三者の目を入れることが大切なので、ぜひ試してみてください。

　さらに、研究成果の社会への還元方法も意識して書きましょう。よくテレビで、「○○大学の○○研究室の研究で、○○がわかりました」というニュースを目にすることがあります。これは、研究室の成果を指導教員がテレビ局の記者などにアピールして取り上げてもらっている場合が多いのですが、研究を行って、特に調査のよう

に多くの人に協力を仰ぐ場合は、どのようにその協力に報いるのか、その成果公開の方法も計画に入れておきたいものです。研究成果の還元については、いろいろな方法がありますが、具体的には次のようなものが挙げられます。

(1) インターネットを用いた公開

　最近では、個人または研究室単位でウェブサイトを保有・管理している大学も増えてきました。ウェブサイト上で、リアルタイムで研究成果を公開することが可能です。研究の調査で、誰かに協力を仰ぐ場合も、成果公開予定のURL（成果を載せておく場所）をあらかじめ検討しておけば、「ここに成果が載りますよ」とPRでき、回答のモチベーションを高めることも可能になります。現時点で一番効率的で効果的な成果公開方法です。

(2) 大学のイベントでの公開

　最近、大学では研究成果の公開が盛んで、そのイベントに各研究室が出展をすることも可能になってきています（例：慶應義塾大学湘南藤沢キャンパスの3学部2研究科は、毎年東京都内にてORF（オープンリサーチフォーラム）という研究成果公開イベントを行っており、教員や大学院生のみならず、学部生も成果を発表しています。ほかにも、東京都市大学の都市生活学部展、関西学院大学のリサーチフェアなど、各地の大学が行っています）。あわせて、大学の学園祭やオープンキャンパスの場で、学生の研究の成果を公表する場合も増えています。これは、大学の広報活動の一環として行われる場合が多いのですが、こうした成果の公開の場はどの大学でも増えているので、積極的にその場を活用するのも有効な一手です。成果を「〇〇イベントで公開しますよ」とあらかじめ伝えられるように準備して調査回答者に知らせておけば、回答者のモチベーションも上がります。

81

(3) 学会での発表

　この本の主な読者は大学1・2年生ですから、「大学の初年次から学会発表を行うのか」と驚く方も多いでしょう。ところが最近は、いろいろな学会が若手養成に力を入れており、学部生から大学院生までの研究を特集して発表するセッションを設けるケースも増えています。筆者も学会で、こうした若手発表セッションの運営に関わってきましたが、初年次学生も活発に発表しています。学会のウェブサイトではイベントカレンダーを載せている場合が多いので、学部生の研究成果を学会で公表することを視野に入れるのも容易になってきました。ぜひとも自分への意識付けの観点からも、学会発表を視野に入れてみてください。専門の先生から有意義なコメントや評価をいただけるのもプラスになります。

(4) その他の公開方法

　その他、「大学と連携している地域イベントでの公開（例：大学が協力する地域のイベントで研究室の成果を発表する）」、「研究室で成果をまとめた冊子を作り配布する」などの方法は、大学の指導教員と協力することで比較的容易です。さらに、タイミングが合えば研究室の指導教員が書く本に織り込んでもらう、先生と国際会議で英語発表するなどの方法もあります。これらは難易度が高いですが、チャレンジする価値が十分ありますので方法として認識しておいてください。研究成果は発表することで価値が増すものですから、ぜひ論文にまとめるだけでなく、学外公表を視野に入れて計画を立てましょう。

❼ 参考文献の書き方

　最後に、研究計画書を書く際に使用した参考文献リストの例を付しておきます。指導教員をはじめ周囲は、研究計画がよいものであるか、問題があるかなどを評価・判断するときの根拠材料として、参考文献を特に重視します。例えば現状の研究計画に、公平性・客観性があるかどうかは、テーマに関するいろいろな学説の本や論文を用いているかどうかで周囲は判断できます。あわせて、そのテーマに関する重要な文献（代表的な著書や論文など）を読んで計画を立てているか、URL を引用して最新の動向を見ているかなども、参考文献リストでチェックできます。

　参考文献の書き方はおおむね次のような形になります。

【参考文献リストの例（学術論文の場合）】

[1] 西山敏樹，清水浩，電気自動車技術の看護医療サーヴィスへの応用，インタフェース学会研究報告集（ヒューマンインタフェース学会），Vol. 12, No. 11, 2010, pp. 1-4.

[2] 西山敏樹，賦勺尚樹，須藤健太郎，前野隆司，病院内の移動抵抗軽減を目指した E-モビタリティシステムの概念構築，インタフェース学会研究報告集（ヒューマンインタフェース学会），Vo. 13, No. 12, 2011, pp. 1-6.

[3] 西山敏樹，大西幸周，松田篤志，前野隆司，三村將，モ

> ビタリティシステムの構築に向けた病院内ニーズの研究，インタフェース学会研究報告集（ヒューマンインタフェース学会），Vo. 15, No. 5, 2013, pp. 1-6.

　論文の場合は、「著者氏名」、「論文名」、「論文が載っている本の名称（発行団体）」、「巻と号」、「発行年」、「論文のページ数」の順で書くのが通例です。具体的な記述の仕方、例えば上記のように「，（カンマ）」で区切るなどのスタイルは、分野にもよりますので、指導教員に聞くとよいですが、大体の分野では上記6項目を含める形になります。このように自分の参考にした論文もリストアップしましょう。なお、ページ数 pp. 1-4 は1ページから4ページという意味です。参考文献を挙げる際の独特の記述法ですが、おおむねこの表記が使われるので覚えておきましょう。

【参考文献リストの例（著作の場合）】

> [1] 西山敏樹編著，近未来の交通・物流と都市生活：ユニバーサルデザインとエコデザインの融合，慶應義塾大学出版会，2016, pp. 10-54.
> [2] 西山敏樹，常盤拓司，鈴木亮子，実地調査入門：社会調査の第一歩，慶應義塾大学出版会，2015, pp. 1-132.
> [3] 西山敏樹，遠藤研二，松田篤志，インホイールモータ：原理と設計法，科学情報出版，2015, pp. 2-26.

　本の場合は、上記のように「著者氏名」、「書名」、「発行団体名」、「発行年」、「参考にしたページ数」という形で書きます。論文の際は、掲載ページ数を載せるのが通例ですが、本の場合は通常ページ

数が多いのでどの部分を参考にしたのか、具体的なページ数を記述します。ときどき書名のサブタイトルなどを省略する人がいますが、本の表紙のとおりに正確に記載します。

【参考文献リストの例（ウェブサイトの場合）】

[1] http://www.gs-yuasa.com/jp/technic/vol12_2/no2.php（GS ユアサテクニカルリポート，第 12 巻 2 号，2015 年 12 月 15 日現在の情報）

[2] http://www.logi-today.com/104270（Logistics Today「農家の人手不足改善へ実証実験：慶大、JA 直売所への運搬代行システムを構築」，2014 年 5 月 7 日現在の情報）

[3] http://cogdrive.org/cogdrive3rd_nishiyama.pdf（運転と認知機能研究会：「西山敏樹氏講演資料」，2010 年 11 月 27 日現在の情報）

ウェブサイトについては、上記のように、参考にした「URL」、「サイトの名称」、「参照した日時」の順番で記します。特に、インターネット上の情報はリアルタイムに変化しますし、公開情報の内容も日々変わります。そのために他者が参照した日時によって「該当する情報がない」という指摘を受けないように、参照した日時は具体的に書きます。それから URL だけでなく、サイトの名称、すなわちサイトの公的な内容を表した名称についても記しておきましょう。

参考文献については、もちろん「論文」、「著書」、「ウェブサイト」のどれも用いる可能性があり、その場合は併記となります。併記の方法はさまざまです。「論文」、「著書」、「ウェブサイト」の分

類に関係なく、研究計画書での登場順に書くことが多いようですが、分野によっても異なる場合がありますので、そのあたりは指導教員などに相談しましょう。

⑧ 研究計画書の事例

　ここでは、大学1・2年生の研究計画書の事例を挙げ、改善前と改善後を比較してみましょう。これは実際に、筆者の受け持っている学生の許可を得て、その学生が書いた研究計画書を土台にし、筆者が改善したものです。この研究計画書は大学2年生によるもので、よく初心者が犯してしまう過ちが含まれているので、改善前と改善後を比較して参考にしてください。

　初心者と言いましたが、卒業論文や大学院レベルの研究計画においても、役に立つポイントを示していますので、活用してください。

(改善前)

研究計画書

〔研究のタイトルがない〕

〔大学・学部名を入れる(協力してもらう場合に備える)〕

ユニバーサルデザイン研究室所属

学籍番号 9999999　西山敏樹

〔「はじめに」を書く(自分の関心やエピソードを交える)〕

【背景】　〔見出しには番号をつける〕

今まで私は,駅施設の整備が各鉄道会社でどのように行われているか,都内でのさまざまな取り組みを調べてきた.調べていくと,市や区(以下行政)によって,段差や案内図などの規制が異なる点を発見した.そこで,各行政域と各鉄道事業者により,駅の福祉系設備がどう違うか,より詳細に調べて,ベストな駅のユニバーサルデザイン方策を考えることにした.

【目的】　〔目的と目標を書く必要がある〕

〔これは目標であり,研究の必要性を客観的に文献などで補う〕

行政域や鉄道事業者によって,案内板の規制や駅構内のさまざまな整備の仕方が違うと思うので,どういう特色を持った条例や鉄道事業者の施策がなされているか調査を行う.そこから良い点や問題点を挙げていき,駅はどういう人が使っていて,駅整備が使っている人にどのような問題を与えているか追究し,より使いやすい駅の像を考えていく.

〔「思う」のような主観的な表現は避ける〕

【研究の内容と手法】

調べる範囲は,東急の各駅と JR 山手線の駅とする.東急沿線は家族連れや高齢者の方が多く住んでいる.JR 山手線は,幅広い年齢層や客層,さまざまな人が使っているということで設備に違いがあると思った.そこで駅の所在地の条例や鉄道会社の施策を調べ,条例および鉄道事業者のスタンスの違いから,駅のユニバーサルデ

ザインの状況や水準を表にまとめる．そこから，各駅での良い点と問題点を見つけ，使いやすい駅の像を整理して提案を行う．

調べる市や区：東京都渋谷区／千代田区／北区／世田谷区／目黒区
　　　　　　　／大田区／品川区
　　　　　　　神奈川県大和市
　　　　　　　横浜市青葉区／緑区／港北区／西区
　　　　　　　川崎市高津区／中原区

> 対象領域はわかりやすいように都道府県から書く

【期待される成果】　> 成果よりも計画を先に書く

　現在，ユニバーサルデザイン化とバリアフリー化が進んでいる中で各行政の条例に伴い，まだ整備や改善を必要とする施設は数多くあると思う．設備投資にお金があまりかからないユニバーサルデザインを考え，より利用者が使いやすい駅を提案する．そして，駅にとってのユニバーサルデザインの存在意義は何なのかをまとめる．

【具体的な計画】　> 意義は何かをまとめる，というのはおかしい．意義があるから研究を行い，どのような形で成果を表すかが必要

4月：
　・対象とする各市・区の福祉のまちづくり条例についてまとめる．
　・比較して，どういう傾向があるのか分析する．
　・計画から整備までの流れを見る．

5〜7月：
　・各福祉まちづくり条例と事業者の施策の効果を確認するために，対象エリアの駅で実地調査をする．調べた箇所の良い点や問題点を挙げていく．

8〜10月：
　・調べた駅について，各空間別に良かった所と悪かった所を整

理する．
　・その結果に基づき，コストのかからない改善策を各空間別に
　　まとめる．
　　　　　　　｜専門家などと意見交換し，提案に現実性や妥｜
　　　　　　　｜当性があるか，無理がないかを検証する　｜
11〜12月：
　・成果をもとに，都市内の駅のユニバーサルデザイン化を進め
　　る際の現実的な方策をまとめ，論文を仕上げる．
　　　　　　　　　　　　　　　　　　　　　｜どこで発表する｜
　　　　　　　　　　　　　　　　　　　　　｜かも書く　　　｜
　　　｜「おわりに」を書く（研究の抱負な｜
　　　｜どを簡潔にまとめる）　　　　　　｜
　　　｜参考文献を書く｜

　　　　　　　　　　　　　　　　　　　　　　以　上

(改善後)

研究計画書
「都市内の駅施設のユニバーサルデザイン化推進方策の研究」

東京都市大学都市生活学部
ユニバーサルデザイン研究室所属
学籍番号 9999999　西山敏樹

1. はじめに

　私は，従来から鉄道に関心があり，最近は高齢者や障がい者が乗車に困っている様子をよく見かけるようになった．国や地方の政策への取り組みから，高齢者や障がい者の外出の機会も増えている．しかし，いまだに駅にはバリアが多く，駅で乗客整理のアルバイトを行う立場で見ても，主観的ながら問題が多々あることから，駅施設の改善が不可欠である．

2. 研究の背景

　今まで私は，駅施設の整備が各鉄道会社でどのように行われているか，都内でのさまざまな取り組みを調べてきた．その中で，市や区（以下行政）によって，段差や案内図などの規制が異なる点を発見した．あわせて，各鉄道事業者の取り組みの違いもあり，駅の福祉系設備の水準は大きく異なっている．2025年には高齢者が全人口の3分の1になり，障がい者の比率も高まる．これに備えたユニバーサルデザイン化方策を今から研究する必要性が大変高い．

3. 研究の目的と目標

　私が研究を行ううえでの最終的な目的は，「鉄道事業者や行政に

関係なく駅のユニバーサルデザイン化を進める最適な標準化方策を作り，面的な移動のしやすさを保ち，都市生活のクオリティを高めること」である．これに従い私は，行政域や鉄道事業者により案内板の規制や駅構内のさまざまな整備の仕方が違うので，現時点でどういう特色を持った条例や鉄道事業者の施策がなされているか調査を行う．そこから良い点や問題点を整理し，駅はどういう人が使っていて，駅整備が使っている人にどのような問題を与えているかを追究して，より使いやすい駅の像を西暦2025年を目処として考えることにした．これが研究の目標である．

4. 研究の内容と手法

調べる範囲は，東急の各駅とJR山手線の駅とする．東急沿線は家族連れや高齢者の方が多く住んでいる．JR山手線は，幅広い年齢層や客層，さまざまな人が使っているということで設備に違いがある．そこで駅の所在地の条例や鉄道会社の施策を調べ，条例および鉄道事業者のスタンスの違いから，駅のユニバーサルデザインの状況や水準を表にまとめていく．そこから，各駅での良い点と問題点を見つけながら使いやすい駅の像を整理し提案を行う．

調べる市や区：東京都渋谷区／千代田区／北区／世田谷区／目黒区／大田区／品川区
　　　　　　　神奈川県大和市，横浜市青葉区／緑区／港北区／西区，川崎市高津区／中原区

5. 具体的な計画

4月：
- 対象とする各市・区の福祉のまちづくり条例についてまとめ，比較をして，どういう傾向があるのか分析する．

- 計画から整備の流れを見る．

5〜7月：
- 各福祉まちづくり条例と事業者の施策の効果を確認するために，対象エリアの駅で実地調査をする．
- 調べた箇所の良い点や問題点を挙げる．

8〜10月：
- 調べた駅について，各空間別に良かった所と悪かった所を整理する．
- その結果に基づき，コストのかからない改善策を各空間別にまとめる．
- さらに，専門家との意見交換も交え，改善策の提案に現実性や妥当性があるか，無理はないのかを検証する．

11〜12月：
- 成果をもとに，都市内の駅のユニバーサルデザイン化を進める際の現実的な方策をまとめ，論文を仕上げる．

6. 期待される成果

現在，ユニバーサルデザイン化とバリアフリー化が進んでいる中で各行政の条例に伴い，まだ整備や改善を必要とする施設は数多くあるだろう．設備投資にお金があまりかからないユニバーサルデザインを考え，より利用者が使いやすい駅を提案する．そして高齢者や障がい者が増える2025年を目処とした駅施設の改善方策が，期待される研究成果となる．なお完成後は，大学の学園祭で発表すると共に，研究室の公式webサイトで公表する予定である（URL：http://www.mobility-lab.info で2017年2月1日に公表の予定）．

7. おわりに

以上のように研究を推進する計画である．国内の総人口に占める

高齢者や障がい者の率が高くなることは確実であり，移動は生活上の欲求を満たすうえで必要不可欠なものである．移動の支援は高齢者や障がい者の生活の質を高めるためにも重要なので，研究を精力的に行いたい．

8. 参考文献

[1] 西山敏樹，清水浩，電気自動車技術の看護医療サーヴィスへの応用，インタフェース学会研究報告集（ヒューマンインタフェース学会），Vol. 12, No. 11, 2010, pp. 1-4.

[2] 西山敏樹，賦勺尚樹，須藤健太郎，前野隆司，病院内の移動抵抗軽減を目指したE-モビタリティシステムの概念構築，インタフェース学会研究報告集（ヒューマンインタフェース学会），Vo. 13, No. 12, 2011, pp. 1-6.

[3] 西山敏樹，大西幸周，松田篤志，前野隆司，三村將，モビタリティシステムの構築に向けた病院内ニーズの研究，インタフェース学会研究報告集（ヒューマンインタフェース学会），Vo. 15, No. 5, 2013, pp. 1-6.

おわりに

　最近の大学は、AO入試の定着などもあって、1年生から学生を研究室（ゼミ）に入れるところが増えてきました。筆者は、1990年に開設された慶應義塾大学湘南藤沢キャンパス（SFC）の5期生です。20年以上も前に、学部の1年生から研究室に入れるように改革し、社会の注目を浴びた先進的な学びの場でした。それから永い歳月が経過した現在では、研究室に入る学年をそれまでの標準であった3・4年から、1・2年に引き下げることも一般的に見られるようになりました。学生が持つテーマや関心を早期から実現して、大学生活の満足度を高める一環で、こうした改革は学生側の評価も高いようです。

　これを教員の立場から見てみましょう。AO入試で入学する学生たちが高校生の後期の段階から、基礎的研究を開始する社会的な流れも普通になっています。大学初等教育の現場では、残念ながら我々教員の目線が1・2年生にすぐには合わせられず、肝腎な研究計画の立て方についても難しい用語や実例を基に指導し、学生を大きく混乱させる事例も後を絶ちません。まさしく、大学教育の斬新な改革とか学生の高い要求に、我々教員が追いついていないとも言えます。

　本書は、この状況を問題意識として書き上げたものです。大学1・2年生、さらには高校2・3年生を対象に、研究で守らなくてはいけない倫理面やルールも含めて、正しい研究計画の立て方をまとめています。研究の勘を取り戻したい社会人学生にも読めるように配慮を行っており、教員側の指導にも役立つ多くの事例も含めた構

成にしました。近年では、大学1・2年生の段階からきめ細やかなキャリア指導を行う大学も増えていますが、こうした取り組みは研究の世界への導入としてとても有用です。より多くの方々にお読みいただき、確かな倫理観に裏打ちされた正しい研究の土台として、研究計画の立て方を学んでいただけたら本望です。

　本書では、上記の背景を鑑み、研究の始め方、研究への基本的な考え方や姿勢、計画の立て方をまとめました。計画の立案は、難しく厄介なものだと思われているかもしれません。確かに研究を行うには、真面目な姿勢で真摯に向き合う必要があります。その時期がこれまでの3・4年から1・2年に下がっており、大学生になったらすぐに研究への真摯な姿勢を学ばなければならないのです。その皆さんの学習をサポートするヒントを、本書には多数含めておきました。

　もっとも、研究を題材にした本ではありますが、計画の立て方という観点で見れば、その他の計画立案にも幅広く使える内容であり、皆さんが就職した後のビジネスでの計画立案にも利用できるヒントも、多数含まれているはずです。皆さんのキャリアデザインを考えるうえでも、きっと役立つことでしょう。

　最後にあらためて「計画」の意味を確認しておきましょう。

　【計画】将来、実現しようとする目標と、この目標に到達するための主要な手段または段階とを組合せたもの。目標の達成時点や目標の内容が明確にされていること、また、目標を最も能率的に達成する手段が選ばれていることが、計画の重要な特性をなす。(『ブリタニカ国際大百科事典　小項目事典』2016年、電子版より抜粋)

　冒頭にも述べましたが、「計画」は人生のいろいろな局目で我々が直面せざるを得ないものです。

皆さんには、良い計画を立案することによって、大学での学びが充実したものになるだけでなく、卒業後の仕事や人生も豊かなものとなるよう祈念しています。本書がその一助になれば幸いです

　なお、末筆ながら、本書をまとめあげるのに際して、慶應義塾大学出版会の喜多村直之様、安井元規様、乙子智様に大変お世話になりました。心より感謝を申し上げます。

　　2016 年 9 月 1 日

　　　　　　　　　　　　　　　　　　　　　　　　　　　西山敏樹

付録　おすすめ文献リスト

❶　テーマを決める、考える

三井宏隆『レポート・卒論のテーマの決め方』慶應義塾大学出版会，2004.

　レポート・卒論のテーマの考え方、決め方をわかりやすく解説。特に人文・社会科学系の方に好ましい内容です。

石井一成『ゼロからわかる大学生のためのレポート・論文の書き方』ナツメ社，2011.

　執筆の段取り、テーマの考え方や決め方、資料の集め方や読み方、文章構成までわかりやすく書かれています。

後藤芳文，伊藤史織，登本洋子『学びの技――14歳からの探究・論文・プレゼンテーション』玉川大学出版部，2014.

　タイトルを見ると中高生向けに思えますが、テーマの決め方、考え方は大人でも参考になります。

❷　調べる、分析する

西山敏樹，大西幸周，鈴木亮子『データ収集・分析入門――社会を効果的に読み解く技法』慶應義塾大学出版会，2013.

　研究の実施で必要となるデータの集め方を網羅。さまざまな学問分野をカバーしていますが、中級レベルです。

市古みどり，上岡真紀子，保坂睦『資料検索入門——レポート・論文を書くために』慶應義塾大学出版会，2014.

　図書館などでの一連の資料収集の方法が書かれており、大学初年次の学生にも有効です。

西山敏樹，常盤拓司，鈴木亮子『実地調査入門——社会調査の第一歩』慶應義塾大学出版会，2015.

　上記の中級編の本の姉妹編。観察調査や質問紙調査、インタビュー方法などを初年次教育の方にもわかりやすく解説しています。

❸　書く ─────────────────────

河野哲也『レポート・論文の書き方入門　第3版』慶應義塾大学出版会，2002.

　この分野のロングセラーで、執筆の基礎知識が書かれています。

井下千以子『思考を鍛えるレポート・論文作成法　第2版』慶應義塾大学出版会，2014.

　書くことと考えることの効果的なサイクルがうまく書かれています。初学者にもおすすめです。

都築学『大学1年生のための伝わるレポートの書き方』有斐閣，2016.

　調べる・考える・書くという流れがわかりやすく書かれています。

❹　発表する ─────────────────

松本茂、河野哲也『大学生のための「読む・書く・プレゼン・ディベート」の方法　改訂第二版』玉川大学出版部，2015.

大学生に必要な上記の4つの基礎力を総合的にわかりやすく伝授しています。

中野美香『大学生からのプレゼンテーション入門』ナカニシヤ出版，2012.
初心者でも段階的に発表スキルを発展させられるよう構成されています。

藤田直也，西谷斉，森山智浩『学生のためのプレゼンテーション・トレーニング——伝える力を高める 14 ユニット』実教出版，2015.
思考力、論理を組み立てて的確に伝える論理力や表現力、発表力を身につけるのに効果的です。

付録　チェックリストおよびワークシート

　本書で紹介したワークシートとチェックリストを巻末に掲載します。

　　チェックリスト1　研究における倫理的配慮　　本文 10〜11 頁
　　チェックリスト2　研究協力者に同意を得る項目　本文 12 頁

　　ワークシート1　過去―現在―未来を描く　　　本文 18 頁
　　ワークシート2　研究テーマを絞り込む過程　　本文 26 頁
　　ワークシート3　研究タイトルをつける　　　　本文 37 頁
　　ワークシート4　夢・志マップ　　　　　　　　本文 55 頁
　　ワークシート5　研究目標決定マップ　　　　　本文 68 頁
　　ワークシート6　研究の内容・手法の 5W1H　　本文 74 頁

　また、慶應義塾大学出版会の特設ページ（http://www.keio-up.co.jp/kup/hbr/）では、上記のワークシートとチェックリストを A4 サイズの PDF にて、本書 43 〜 52 頁に掲載の研究計画要約事例を Power-Point にて掲載しています。ぜひともご活用ください。

チェックリスト１　研究における倫理的配慮

① 研究の「対象者選定」の段階
- □ 法令の遵守――例えば法令に従い、住民基本台帳などを閲覧し対象者を選定する。
- □ 個人情報管理――住民基本台帳の閲覧などで作成した、対象者名簿を厳重に管理する。
- □ 目的外使用禁止――当該研究以外に、サンプリングで得た個人情報を使用しない。

② 研究の「協力依頼」の段階
- □ 調査の連絡と依頼――事前に対象者へ研究実施について連絡し、協力の依頼を行う。
- □ 目的、主体、連絡先の明示――研究を行う者は必ずこれらの情報を明確にする。

③ 研究の「準備」の段階
- □ 人権尊重とプライバシー保護――対象者の人権を尊重し、プライバシーを保護する。
- □ 対象者の名簿管理――個人情報の紛失、内容の漏洩が生じないよう管理を徹底する。
- □ 協力者の研修――協力者を雇うときは、研修と周知を行い研究手法の差をなくす。

④ 研究の「実施」の段階
- □ 匿名性確保――対象者が特定されないよう、研究実施段階でも十分配慮を行う。
- □ 研究の合意取得――対象者に十分調査内容を説明し、同意に基づいて研究する。
- □ 対象者の不利益回避――対象者が不快感を抱いたり、不利益を被ることは回避する。

- [ ] 対象者中止の自由——対象者が調査を中止したい場合には、その意志に従う。
- [ ] 疑問への対応——対象者から寄せられる疑問、苦情などに対して誠実に対応する。
- [ ] 守秘義務——研究の実施過程で知りえた、対象者に関する情報全てを守秘する。
- [ ] 差別禁止——対象者を性別、年齢、国籍、障がいなどの要因で差別的に扱わない。
- [ ] 研究者の証明——身分証明書を常時携行し、求めがあれば身分を明らかにする。
- [ ] 不正な記入の防止——データを、都合の良いように不正に記入しない。

⑤ 研究の「実施後」の段階

- [ ] データの管理——研究代表者が、収集データを厳重管理できる体制を整備する。
- [ ] 個人情報管理——データで個人を特定できる部分について、厳重管理できる体制を整備する。
- [ ] 電子データの匿名性確保——回答内容の電子データ化で、個人を特定できないようコード化する。
- [ ] インターネットと切り離し、電子ファイルを研究代表者が管理する。

⑥ 研究の「結果公表」の段階

- [ ] 公表すべき事項——調査の題目、目的、主体、サンプリング方法、調査方法と時期、調査の具体的な内容、分析結果、結果考察、付属資料としての生データを公表する。
- [ ] ねつ造の禁止——データや結果などをねつ造せず、複数人で客観的に考察する。
- [ ] 差別禁止——対象者を性別、年齢、国籍、障がいなどの要因で差別的に扱わない。

チェックリスト2 研究協力者に同意を得る項目

- ☐ ① 研究の目的
- ☐ ② 研究協力の任意性と撤回の自由
- ☐ ③ 研究の方法と、研究への協力事項
- ☐ ④ 研究対象者にもたらされる利益や不利益
- ☐ ⑤ 個人情報の保護
- ☐ ⑥ 研究終了後のデータ取り扱いの方針
- ☐ ⑦ 研究計画書などの開示
- ☐ ⑧ 協力者への結果の開示・研究成果の公表

- ⑨ 研究から生じる知的財産権の帰属
- ⑩ 研究で用いた資料・試料の取り扱い方針
- ⑪ 費用の負担に関する事項
- ⑫ 問い合わせ先

ワークシート1　過去―現在―未来を描く

どのようなことに関心を持って取り組んできたか	現在の生活で、何に取り組んでいるのか	将来どうなっていたいか

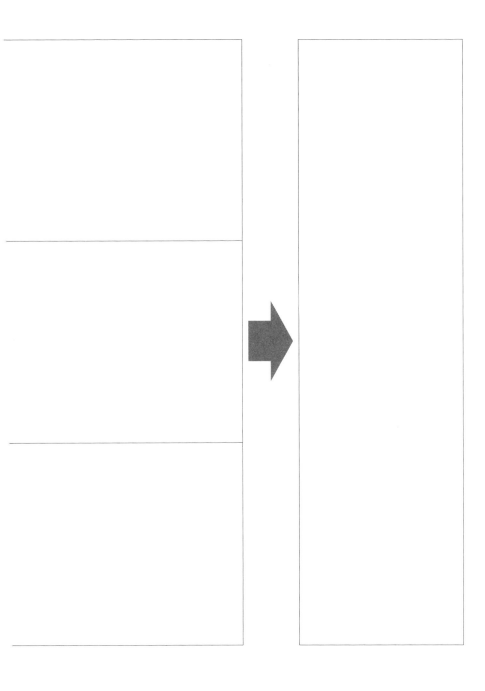

ワークシート2　研究テーマを絞り込む過程

関心のあるジャンル	
テーマ絞り込みの方法	①文献類の調査
	②統計類の調査
	③聞き取り調査

④モニタリング

⑤インターネット上での調査

⑥講演会やワークショップへの出席

絞り込んだ
研究テーマ

ワークシート3　研究タイトルをつける

対象	手段	実施した内容

ワークシート4 夢・志マップ

過去から今の自分	いかなる研究をすれば長続きし、社会への貢献や自分の成長につながるか	未来のありたい自分

ワークシート5　研究目標決定マップ

今までの人生	人生の過程・プロセス	人生のゴール・着地点
過去から今までの自分の分析	現在どんな目標の研究をし、社会への貢献や自分の成長につなげられるか	40年後の自分のゴール・最終的な社会への貢献

ワークシート6 研究の内容・手法の5W1H

テーマ	
いつ：When	
どこで：Where	
誰を対象に：Who	

なぜ：Why

何を：What

どうして：How

西山敏樹（にしやまとしき）
東京都市大学都市生活学部・大学院環境情報学研究科准教授。
1976年東京生まれ。慶應義塾大学総合政策学部卒業、同大学大学院政策・メディア研究科修士課程修了、同後期博士課程修了。2003年博士（政策・メディア）。2005年慶應義塾大学大学院政策・メディア研究科特別研究専任講師、2012年同大学大学院システムデザイン・マネジメント研究科特任准教授を経て、2015年より現職。慶應義塾大学SFC研究所上席所員、一般財団法人地域開発研究所（国土交通省所轄管理）客員研究員、日本イノベーション融合学会専務理事、ヒューマンインタフェース学会評議員なども務める。専門は、公共交通・物流システム、ユニバーサルデザイン、社会調査法など。
主要著作：『アカデミック・スキルズ　データ収集・分析入門——社会を効果的に読み解く技法』（共著、慶應義塾大学出版会、2013年）；『アカデミック・スキルズ　実地調査入門——社会調査の第一歩』（共著、慶應義塾大学出版会、2015年）；『近未来の交通・物流と都市生活——ユニバーサルデザインとエコデザインの融合』（編著、慶應義塾大学出版会、2016年）；『インホイールモータ——原理と設計法』（共著、科学情報出版、2016年）ほか。

大学1年生からの研究の始めかた

2016年9月15日　初版第1刷発行
2017年5月10日　初版第2刷発行

著　者─────西山敏樹
発行者─────古屋正博
発行所─────慶應義塾大学出版会株式会社
　　　　　　〒108-8346　東京都港区三田2-19-30
　　　　　　TEL〔編集部〕03-3451-0931
　　　　　　　　〔営業部〕03-3451-3584〈ご注文〉
　　　　　　　　〔　〃　〕03-3451-6926
　　　　　　FAX〔営業部〕03-3451-3122
　　　　　　振替　00190-8-155497
　　　　　　http://www.keio-up.co.jp/
装　丁─────土屋光
印刷・製本──株式会社太平印刷社

　　　　　　Ⓒ 2016　Toshiki Nishiyama
　　　　　　Printed in Japan　ISBN 978-4-7664-2364-8

慶應義塾大学出版会

アカデミック・スキルズ【第2版】
大学生のための知的技法入門

佐藤望編著／湯川武・横山千晶・近藤明彦著　2006年の初版刊行以来、計7万5000部以上のロングセラーとなっている大学生向け学習指南書の決定版。第2版では、より読みやすく章構成を再編し、各章末には、到達度がチェックできる「テスト」を付して実用性の向上を図った。　　　　◎1,000円

アカデミック・スキルズ
資料検索入門　レポート・論文を書くために

市古みどり編著／上岡真紀子・保坂睦著　レポートや論文執筆を行う際に、自分が書こうとするテーマや考えを固めるために必要な資料（根拠や証拠）を検索し、それらを入手するまでの「検索スキル」を身につけてもらうための入門書。　　◎1,200円

アカデミック・スキルズ
データ収集・分析入門　社会を効果的に読み解く技法

慶應義塾大学教養研究センター監修／西山敏樹・鈴木亮子・大西幸周著　正しいデータ分析とは、どのようなものか？研究者、大学生、大学院生、社会人に向けて、モラルや道徳を守りながら、人や組織の行動を決定づけるデータを収集・分析し、考察や提案にまとめる手法を紹介。　　◎1,800円

アカデミック・スキルズ
実地調査入門　社会調査の第一歩

慶應義塾大学教養研究センター監修／西山敏樹・常盤拓司・鈴木亮子著　これから調査を行う初心者でも、調査の計画・実施から、データの収集・分析、研究成果の発表までを理解できるように、ふんだんな事例とともに解説。『データ収集・分析入門』の姉妹編。　　　　　　　　　　　　　　◎1,600円

表示価格は刊行時の本体価格（税別）です。